Helmut Wagner, Hilke Turke
VWL-Klausuren

Helmut Wagner, Hilke Turke

VWL-Klausuren

Ein Übungsbuch

5., überarbeitete Auflage

DE GRUYTER
OLDENBOURG

ISBN 978-3-11-125222-3
e-ISBN (PDF) 978-3-11-125266-7
e-ISBN (EPUB) 978-3-11-125280-3

Library of Congress Control Number: 2024939420

Bibliografische Information der Deutschen Nationalbibliothek
Die Deutsche Nationalbibliothek verzeichnet diese Publikation in der Deutschen Nationalbibliografie;
detaillierte bibliografische Daten sind im Internet über http://dnb.dnb.de abrufbar.

© 2024 Walter de Gruyter GmbH, Berlin/Boston
Einbandabbildung: Golden Sikorka/iStock/Getty Images Plus
Satz: Integra Software Services Pvt. Ltd.

www.degruyter.com

Vorwort zur fünften Auflage

Seit dem Erscheinen der vierten Auflage hat sich die Welt gravierend verändert. Einige dieser Veränderungen haben weitreichende und tiefgreifende Folgen für einzelne Wirtschaftsakteure, ganze Volkswirtschaften und nicht zuletzt das globale Wirtschaftssystem.

Diesen Entwicklungen tragen wir in der vorliegenden fünften Auflage Rechnung, indem wir einige Kapitel um Aufgaben zu eben diesen aktuellen Themen ergänzt haben.

Aber nicht nur die Ökonomie, sondern auch viele Studierende stehen vor neuen Herausforderungen. So hat sich nicht nur der Lehr- und Lernstoff erweitert, sondern auch viele Prüfungsformate haben sich verändert. Hierzu finden Sie wie gewohnt einige Anmerkungen am Ende des Buches im siebten Kapitel.

Eines bleibt aber unverändert – wir wünschen Ihnen auch diesmal viel Erfolg sowohl bei der Arbeit mit dem vorliegenden Buch als auch für Ihr weiteres Studium.

Hagen, Juni 2024   Prof. Dr. Helmut Wagner und Hilke Turke

https://doi.org/10.1515/9783111252667-202

Vorwort zur vierten Auflage

Auch die Ihnen nun vorliegende vierte Auflage haben wir ausführlich und sorgfältig überarbeitet.

Zudem erfüllen wir diesmal den Wunsch vieler Studierender nach Möglichkeiten des Klausurtrainings „unter Realbedingungen". Im siebten Kapitel finden Sie nun vier vollständige Klausuren. Diese unterscheiden sich sowohl im Umfang als auch in der Gestaltung der Aufgaben und bieten so eine weitere effektive und effiziente Möglichkeit der (finalen) Klausurvorbereitung.

Bei dieser wünschen wir Ihnen ebenso viel Erfolg wie beim Lösen der anderen Aufgaben und für Ihr weiteres Studium.

Hagen, Januar 2020   Prof. Dr. Helmut Wagner und Hilke Turke

Vorwort zur dritten Auflage

Auch in der Ihnen hier vorliegenden dritten Auflage richten wir den Fokus auf die effektive und effiziente Vermittlung fundierter ökonomischer Grundkenntnisse. Hierzu haben wir die Aufgabensammlung erneut überarbeitet und insbesondere im dritten und vierten Kapitel einige zusätzliche Aufgaben ergänzt.

Gänzlich neu aufgenommen haben wir im sechsten Kapitel Übungen zu den Themenfeldern „Globalisierung" und „Weltwirtschaftspolitik". Hiermit möchten wir der besonderen Aktualität und Relevanz dieser Aspekte Rechnung tragen.

Selbstverständlich wünschen wir Ihnen auch diesmal viel Erfolg beim Lösen der Aufgaben, bei einer sicherlich anstehenden Klausur und für Ihr weiteres Studium.

Hagen, Juli 2016   Prof. Dr. Helmut Wagner und Hilke Turke

Vorwort zur zweiten Auflage

Knapp ein Jahr nach dem Erscheinen der ersten Auflage ist die Thematik und Ausrichtung des Klausur- und Übungsbuches nach wie vor aktuell. Nicht nur grundständige wirtschaftswissenschaftliche Studiengänge erfreuen sich weiterhin großer Beliebtheit, auch die Vermittlung ökonomischer Grundkenntnisse in anderen Studiengängen ist nach wie vor ein relevantes Feld. Allen Studiengängen gemeinsam ist dabei die Tatsache, dass der von den Studierenden zu bewältigende Lehrstoff nicht geringer wird, sodass von diesen (zu Recht!) hohe Ansprüche an eine effektive und effiziente Wissensvermittlung gestellt werden.

Diesen Ansprüchen bemühen wir uns mit der vorliegenden 2. Auflage noch intensiver gerecht zu werden. Alle Abschnitte wurden nochmals auf ihre Studierfreundlichkeit überprüft und in Teilen durch noch detailliertere Erläuterungen ergänzt. Zusätzlich haben wir in einem neuen Kapitel besonderes Augenmerk auf die konkrete finale Klausurvorbereitung gelegt.

Auch diesmal wünschen wir Ihnen viel Erfolg beim Lösen der Aufgaben, bei einer sicherlich anstehenden Klausur und für Ihr weiteres Studium.

Hagen, Juli 2014   Prof. Dr. Helmut Wagner und Hilke Turke

Vorwort

Die Wirtschaftswissenschaften stehen nicht zuletzt aufgrund der großen ökonomischen Herausforderungen unserer Zeit – wie z. B. Globalisierung, Arbeitslosigkeit, Inflation, Staatsverschuldung, Unterentwicklung oder Finanzkrisen – oftmals im Blickpunkt des öffentlichen Interesses.

Auch für viele Studierende (nicht nur in wirtschaftswissenschaftlichen Studiengängen) ist es daher unerlässlich, grundlegende ökonomische Kenntnisse zu erwerben.

Das vorliegende Übungsbuch zu den Grundlagen der Volkswirtschaftslehre soll das in Vorlesungen und aus Lehrbüchern angeeignete Wissen anhand zahlreicher und vielfältiger Übungsaufgaben vertiefen und insbesondere auf Klausuren vorbereiten. Es richtet sich dabei ebenso an Studierende, die am Beginn ihres wirtschaftswissenschaftlichen Studiums stehen, wie auch an Studierende anderer Fachrichtungen, die ökonomische Grundkenntnisse erwerben bzw. vertiefen möchten.

Das Übungsbuch orientiert sich in seiner Struktur an dem Kurs „Einführung in die Volkswirtschaftslehre", welcher an der FernUniversität in Hagen angeboten wird. Es bietet aber auch zu jedem Lehrbuch eine wertvolle Ergänzung.

In den einzelnen Kapiteln bieten wir Ihnen neben grundlegenden Übungen auch immer „typische Klausuraufgaben" an, um Sie so auch mit verschiedenen Aufgabentypen und dem einen oder anderen ökonomischen Fallstrick vertraut zu machen. Denn auch wenn Sie in der Klausur allein auf Ihr eigenes Wissen angewiesen sind, so hoffen wir doch, Sie auf dem Weg dorthin möglichst optimal begleiten zu können.

Wir wünschen Ihnen viel Erfolg beim Lösen der Aufgaben, bei einer sicherlich anstehenden Klausur und für Ihr weiteres Studium.

Hagen, Juli 2013   Prof. Dr. Helmut Wagner und Hilke Turke

Inhalt

1 Einleitung

Ziel dieses Buches soll es sein, Sie bei der Klausurvorbereitung und der eigenständigen Vertiefung des Lehrstoffes zu unterstützen. Hierzu möchten wir Ihnen vorab einige didaktische Hinweise geben.

1.1 Zu diesem Buch

Das vorliegende Übungsbuch soll Ihnen eine möglichst genau an Ihren Wissensstand und Ihre jeweilige Themensuche angepasste Arbeit ermöglichen. Aus diesem Grunde beginnt jedes Kapitel mit einer kurzen **Zusammenfassung der nachfolgenden Inhalte**. Diese soll es Ihnen ermöglichen zum einen gezielt nach bestimmten Themen und Übungen zu suchen und zum anderen den roten Faden, der sich durch das gesamte Buch zieht, nachzuvollziehen.

An die Zusammenfassung schließt sich jeweils ein Feld mit den für das jeweilige Kapitel relevanten **Schlüsselbegriffen** an. Diese Begrifflichkeiten sollten Sie beherrschen. Sie eignen sich auch zu einer Überprüfung Ihres bereits vorhandenen Wissens oder zur Erarbeitung eines eigenen Lernglossars. Kennen Sie die Zusammenhänge zwischen den Schlüsselbegriffen, so sollte Ihnen die Beantwortung der anschließenden Aufgaben sehr leicht fallen. Sollte Ihnen der eine oder andere Begriff unbekannt sein, so können Sie ihn in jedem gängigen Buch zur Volkswirtschaftslehre nachschlagen.

Nach diesem Einstieg folgen die eigentlichen **Übungsaufgaben**. Diese umfassen jeweils einen Aufgaben- und einen Lösungsteil. Um Ihnen die Lösungen dabei so nachvollziehbar wie möglich zu präsentieren, geben wir bei Rechenaufgaben – und hier auch bei Wiederholungen desselben Aufgabentyps – sehr detaillierte Lösungswege an. Bei Multiple-Choice-Aufgaben erhalten Sie nicht nur Auskunft darüber, ob die betreffenden Aussagen richtig oder falsch sind, sondern auch ausführliche Begründungen hierzu.

Einige „Klassiker" der volkswirtschaftlichen Prüfungsthemen präsentieren wir Ihnen außerdem mittels zusätzlicher **Lernhilfen**. Hier erhalten Sie detaillierte Hinweise, Rechenschemata und Übersichten, die Ihnen das Lösen dieser häufig gestellten Prüfungsfragen erleichtern sollen.

Zur weiteren Überprüfung Ihres Wissens folgt am Ende eines jeden Kapitels ein **Kompakttraining** im Dual-Choice-Verfahren.

Bevor wir uns den konkreten Übungsaufgaben zuwenden, möchten wir Ihnen in den nachfolgenden Abschnitten dieses Kapitels noch einige Hinweise allgemeiner Art geben. Diese sollen gerade denjenigen unter Ihnen, die sich ganz am An-

https://doi.org/10.1515/9783111252667-001

fang ihres Studiums befinden, den Einstieg in die neue und manchmal vielleicht auch etwas fremde „Hochschulwelt" erleichtern. Gleiches gilt für das sich an die Übungsaufgaben anschließende siebte Kapitel, in dem wir einige Hinweise zur konkreten Klausurvorbereitung zusammengestellt haben. Auch hier möchten wir insbesondere den „Prüfungsneulingen" unter Ihnen einige Hilfen an die Hand geben, um ihnen nicht nur inhaltlich eine möglichst optimale Klausurvorbereitung zu ermöglichen.

1.2 Übersicht über die mathematischen Grundlagen

Zu den vielfältigen Methoden der Volkswirtschaftslehre gehören auch zahlreiche mathematische Verfahren. So sind mathematische Formalisierungen in vielen Fällen eine sehr hilfreiche Möglichkeit zur exakten Darstellung ökonomischer Zusammenhänge. Auch ermöglichen mathematische Verfahren in vielen Fällen erst die Lösung bestimmter ökonomischer Fragen wie z. B. das Lösen von Optimierungsproblemen.

Auch wenn Sie sich hier vorerst nur mit den Grundlagen der Volkswirtschaftslehre beschäftigen, benötigen Sie dennoch einige mathematische Grundkenntnisse. Es handelt sich hierbei insbesondere um einige wenige Methoden bzw. Verfahren, die Ihnen zudem auch aus Ihrer Schulzeit bekannt sein dürften. Konkret sollten Sie Folgendes beherrschen:
- Aufstellen und Lösen linearer und quadratischer Gleichungen sowie
- Grundlagen der Differentialrechnung (Ableitungen, Bestimmung von Extremwerten, totales Differential).

In den entsprechenden Übungsaufgaben erläutern wir Ihnen die Anwendung dieser Methoden selbstverständlich in detaillierten Lösungen. Sollten Sie Ihre Kenntnisse zusätzlich auffrischen oder vertiefen wollen, empfehlen wir Ihnen die Lektüre eines der im nachfolgenden Punkt genannten Lehrbücher. Alternativ können Sie auch entsprechende Schullehrbücher zu Rate ziehen.

1.3 Kommentierte Literaturempfehlungen

Es ist nicht immer einfach, das „beste" oder das „geeignetste" Lehrbuch zu finden. Dies mag unter anderem auch an der großen Anzahl von Büchern liegen, die Sie zu dieser Thematik in Bibliotheken oder im Buchhandel finden. Aus diesem Grunde möchten wir Ihnen an dieser Stelle kurz einige Bücher vorstellen, die wir – aus verschiedenen Gründen – für besonders hilfreich oder interessant halten:

Wagner, Helmut/Böhne, Alexandra (2005): Übungsbuch Makroökonomie. München: Verlag Vahlen.
Dieses Übungsbuch knüpft an den vierten Teil des vorliegenden Übungsbuches an. Es bietet ebenfalls eine große Anzahl von Übungsaufgaben mit kommentierten Lösungen.

Wagner, Helmut (2014): Einführung in die Weltwirtschaftspolitik. Internationale Wirtschaftsbeziehungen – Internationale Organisationen – Internationale Politikkoordinierung. 7. Auflage. München: Oldenbourg Verlag.
Dieses Buch setzt dort an, wo der fünfte Teil des vorliegenden Übungsbuches endet. Es bietet eine ausführliche Darstellung des aktuellen Status quo der weltwirtschaftspolitischen Situation. Neben dem erforderlichen theoretischen Background wird auch umfassendes Fachwissen über die Entwicklung diverser internationaler Organisationen und das Management internationaler Wirtschafts- und Finanzkrisen vermittelt.

Bosch, Karl (2012): Mathematik für Wirtschaftswissenschaftler. 15.Auflage. Berlin/Boston: De Gruyter.
Dieses Buch vermittelt in kompakter Art und Weise genau die Bereiche des gymnasialen Mathematikstoffes, die im wirtschaftswissenschaftlichen Studium häufig benötigt werden. Es eignet sich damit insbesondere zur Auffrischung „verschütteter" Mathematikkenntnisse, aber auch zum Füllen vorhandener Wissenslücken.

Sydsaeter, Knut/Hammond, Peter/Stroem, Arne/Carvajal, Andrés (2023): Mathematik für Wirtschaftswissenschaftler. 5. Auflage. München: Pearson Studium.
Dieses Buch bietet einen noch ausführlicheren und umfassenderen Überblick über nahezu alle mathematischen Bereiche, welche in einem wirtschaftswissenschaftlichen Studium benötigt werden.

Chiang, Alpha C./Wainwright, Kevin/Nitsch, Harald (2012): Mathematik für Ökonomen. Grundlagen, Methoden und Anwendungen. München: Vahlen.
Dieses Buch bietet eine vor allem aus didaktischer Sicht sehr gelungene Darstellung der Mathematik für Anfänger und Fortgeschrittene.

1.4 Hinweise zum Studiumsbeginn

Bevor Sie gleich mit der Bearbeitung der Aufgaben beginnen, möchten wir Ihnen noch einige Hinweise dazu geben, wie Sie unserer Erfahrung nach möglichst effektiv und effizient ein gutes Klausurergebnis erzielen können.

Möglicherweise erscheinen Ihnen die folgenden Ratschläge zunächst trivial, unsere langjährigen Erfahrungen haben uns jedoch gezeigt, dass sie es (leider) nicht immer sind.

Beginnen wir mit den auch an Universitäten und Hochschulen unerlässlichen Formalien. Bevor Sie mit der zeitintensiven Vorbereitung auf eine volkswirtschaftliche Klausur beginnen, sollten Sie sicherstellen, dass Sie diese Klausur auch zu dem von Ihnen geplanten Termin schreiben können. Informieren Sie sich daher rechtzeitig über die entsprechenden Rahmenbedingungen:

- Wann und wo wird die Klausur angeboten?
- In welcher Form wird die Klausur angeboten? Werden mehrere Fächer zusammen geprüft?
- Gibt es Zulassungsvoraussetzungen (z. B. zu bestehende Einsendeaufgaben oder andere vorab zu absolvierende Prüfungsleistungen)?
- Ist eine Anmeldung zur Klausur notwendig?
- Welche Hilfsmittel sind zugelassen bzw. ausgeschlossen?

Notieren Sie sich die entsprechenden Termine und gehen Sie davon aus, dass es sich hierbei um Ausschlussfristen handelt, bei denen es üblicherweise keine Ausnahmen gibt. Auch über zusätzliche Lehrangebote (z. B. Seminare oder Mentoriate) sollten Sie sich optimalerweise bereits zu Beginn des Semesters, spätestens aber am Anfang Ihrer eigenen Klausurvorbereitung informieren.

Gehen Sie ebenso bei den angegebenen Hilfsmitteln davon aus, dass diese Regelungen exakt einzuhalten sind. Beschaffen Sie sich die entsprechenden Materialien (z. B. bestimmte Taschenrechnermodelle) rechtzeitig und nutzen Sie sie möglichst bereits zur Klausurvorbereitung.

Schauen wir uns nun die inhaltlichen Anforderungen an. Verschaffen Sie sich soweit möglich bereits zu Beginn Ihrer Klausurvorbereitung einen Überblick über den zu bewältigenden Lehrstoff. Lassen Sie sich dabei weder von der Fülle an neuem Wissen noch von der anfangs eventuell noch ungewohnten Fachsprache entmutigen. Beides haben schon viele Studierende vor Ihnen bewältigt. Nach diesem ersten Durchgang können Sie bereits realistisch Bilanz ziehen:

- **Ist Ihnen der zu erarbeitende Lehrstoff in Grundzügen verständlich?** Sollte dies noch nicht der Fall sein, müssen Sie nicht sofort „die Flinte ins Korn werfen". Überlegen Sie stattdessen, woran das fehlende Verständnis liegt. Fehlen Ihnen eventuell methodische Kenntnisse (siehe nächster Punkt)?

Verlieren Sie aufgrund der noch unbekannten Fachbegriffe den roten Faden? In diesem Fall könnten die Nutzung geeigneter Wirtschaftslexika und die Erstellung eines eigenen Glossars hilfreich sein. Sind Ihnen Sprache und Stil des Studienmaterials „unsympathisch"? Hier bietet sich die zusätzliche Nutzung alternativer Lehrbücher an. Fehlt Ihnen vor allem der Praxisbezug? Zumindest in Teilen kann Ihnen hier sicherlich dieses Übungsbuch weiterhelfen. Vergegenwärtigen Sie sich aber dennoch, dass Sie sich gerade zu Beginn eines wirtschaftswissenschaftlichen Studiums zwangsläufig mit stark vereinfachten Modellen auseinandersetzen müssen, die sich nicht 1:1 in der realen Welt wiederfinden lassen.

– **Verfügen Sie über die entsprechende Methodenkompetenz?** Sind Ihnen beispielsweise die verwendeten mathematischen Methoden bekannt? Auch hier müssen Sie bei einer verneinenden Antwort nicht aufgeben. Einige Vorschläge für das Erlernen der mathematischen Methoden haben wir Ihnen bereits im Abschnitt 1.2 gemacht. Wenn Ihnen ansonsten die ökonomischen Ansätze noch sehr ungewohnt erscheinen, empfehlen wir Ihnen auch hier die Suche nach dem für Sie passenden Lehrbuch.

– **Wie viel Zeit werden Sie realistisch betrachtet zur Erarbeitung des Lehrstoffes benötigen?** Schätzen Sie auf jeden Fall den Aufwand ab, den Sie ganz individuell betreiben wollen oder müssen, um den Stoff durchzuarbeiten. Die in Studienplänen und Modulhandbüchern angegebenen Stundenzahlen können dabei ein Richtwert sein, entsprechen aber nicht zwangsläufig dem erforderlichen Aufwand eines bzw. einer jeden Studierenden.

– **Wie viel Zeit werden Sie eventuell für die zusätzliche Erarbeitung vorausgesetzter Kenntnisse benötigen?** Auch hier ist Ihre eigene Einschätzung gefragt. Auch in Kursen, die mit Angaben wie „keine Vorkenntnisse erforderlich" versehen sind, werden durchaus mathematische Kenntnisse auf Abiturniveau vorausgesetzt. Ebenso kann dies in anderen Fällen Sprachkenntnisse, statistische Grundlagen oder ein historisches Basiswissen betreffen.

Nach der Lektüre dieses Abschnittes und nachdem Sie diese Fragen ehrlich beantwortet haben, können Sie Ihren individuellen Lernplan erstellen. Gehen Sie auch dabei realistisch vor:

– **Wann müssen Sie zur Klausur antreten?**
– **Wie viel Zeit können Sie täglich oder wöchentlich auf die Klausurvorbereitung verwenden? Wann und wo wollen Sie lernen?**
– **Wie wollen Sie Ihr Zeitbudget auf die einzelnen zu lernenden Themen bzw. auf die verschiedenen Lernaktivitäten (wie Kursbearbeitung, Übungsaufgaben, Wiederholungen) verteilen?**

– Mit welchen Störungen ihres Lernplans (Überstunden, Krankheit, län-
gere Wegzeiten, familiäre Ereignisse, aber auch Unlust und Motivations-
probleme) müssen Sie rechnen? Wie wollen Sie damit umgehen?

Nachdem Sie nun auch diese Fragen hoffentlich zu Ihrer eigenen Zufriedenheit beantwortet haben, können Sie sicherlich hochmotiviert in Ihre Klausurvorbereitung
einsteigen – und natürlich mit der Bearbeitung der Übungsaufgaben beginnen.

2 Allgemeine Grundlagen

2.1 Was ist Volkswirtschaftslehre?

In diesem Kapitel geht es zunächst um eine grundlegende Einordnung der Volks-wirtschaftslehre in die (ökonomische) Wissenschaftslandschaft und eine erste – noch recht abstrakte – Beschreibung ihres Forschungsfeldes. Nicht zuletzt im Hin-blick auf ein wirtschaftswissenschaftliches Studium ist dabei besonders die Ab-grenzung zur Betriebswirtschaftslehre relevant. Die Volkswirtschaftslehre selbst lässt sich wiederum recht allgemein in die Bereiche Mikroökonomik, Makroöko-nomik und Wirtschaftspolitik unterteilen. Die Methoden, die in den einzelnen Be-reichen zum Einsatz kommen, ähneln sich dabei. (Ein gewisses mathematisches Grundverständnis sollte überall vorhanden sein.) Insgesamt blickt die Volkswirt-schaftslehre auf eine lange Tradition zurück: Erste ökonomische Abhandlungen findet man bereits in antiken Schriften und im Mittelalter.

Schlüsselbegriffe: Knappheit, ökonomisches Prinzip, Sektoren, Mikroökonomik, Makroökonomik, Wirtschaftspolitik, Deduktion, Induktion, Partialanalyse, Total-analyse, Ceteris-Paribus-Annahme, Modell, Scholastik, Merkantilismus, Klassik, Neoklassik, Keynesianismus, Neukeynesianismus, Neuklassik

2.1.1 Aufgaben und Lösungen zu Kapitel 2.1

Aufgabe 2-1: Wirtschaftliches Handeln
Was bedeutet Wirtschaften im volkswirtschaftlichen Sinne?

Lösung
Ausgangspunkt der Überlegungen muss sein, dass die handelnden Wirtschafts-subjekte, also z. B. die Haushalte oder die Unternehmen, nicht über unbegrenzte Ressourcen zur Erreichung ihrer Ziele verfügen. Die Ressourcen sind knapp. In diesem Sinne bedeutet „Wirtschaften" die Produktion und Verwendung knapper Güter bzw. Ressourcen zum Zweck der Erfüllung menschlicher Bedürfnisse.

Aufgabe 2-2: Das ökonomische Prinzip
Erläutern Sie das ökonomische Prinzip.

Lösung
Gemäß dem ökonomischen Prinzip zu handeln bedeutet entweder

https://doi.org/10.1515/9783111252667-002

- mit gegebenen Mitteln ein möglichst hohes Maß an Bedürfnisbefriedigung zu erzielen (Maximalprinzip) <u>oder</u>
- ein gegebenes Maß an Bedürfnisbefriedigung mit einem möglichst geringen Mitteleinsatz zu erreichen (Minimalprinzip).

Hinweis: Nicht korrekt ist die Formulierung „Ein möglichst hohes Maß an Bedürfnisbefriedigung ist mit einem möglichst geringen Mitteleinsatz zu erreichen." Hier sind sowohl Ziel als auch Mittel unbestimmt, dies ergibt keine eindeutig bestimmbare Lösung.

Aufgabe 2-3: Abgrenzung von Volkswirtschaftslehre und Betriebswirtschaftslehre

Erläutern Sie die unterschiedlichen Fokusse der Betriebs- und der Volkswirtschaftslehre am Beispiel der Bildung eines Kartells.

Lösung

Das originäre Erkenntnisinteresse der Betriebswirtschaftslehre sind die Möglichkeiten der unternehmerischen Gewinnerzielung. Dementsprechend liegt der Fokus der Betriebswirtschaftslehre bei der Bildung eines Kartells auf Fragen der individuellen Preispolitik und Absatzmengen der einzelnen Unternehmen und der Verlässlichkeit des Kartells oder eventuell auch auf Möglichkeiten, dieses Kartell zum Zwecke der individuellen Gewinnmaximierung zu unterlaufen. Die Volkswirtschaftslehre hingegen befasst sich mit den Folgen dieses unternehmerischen Handelns für das gesamte Wirtschafts- bzw. Gesellschaftssystem. Ihr Fokus liegt daher auf den Auswirkungen, die die Bildung eines Kartells für die gesamte Gesellschaft hat. Sie analysiert dabei, wie sich die den Nachfragern angebotenen Mengen und die dazugehörigen Preise entwickeln und in welchem Ausmaß sich hieraus Nachteile für die Gesellschaft – sogenannte Wohlfahrtsverluste – ergeben.

Aufgabe 2-4: Abgrenzung von Mikro- und Makroökonomik

In der Mikroökonomik und der Makroökonomik werden unterschiedliche Sachverhalte analysiert. Ordnen Sie die folgenden Fälle jeweils der Disziplin zu, in der sie analysiert werden:
a) Die Nachfrage eines Haushaltes nach Birnen geht aufgrund einer Preissteigerung zurück.
b) Die Arbeitslosenquote ist im letzten Jahr um 3 % gesunken.
c) Die Tarifparteien einigen sich auf eine Lohnerhöhung in Höhe von 1,25 %.
d) Ein Pharmakonzern bietet ein innovatives Medikament gegen Prüfungsangst an und tritt auf diesem Markt als Monopolist auf.

Lösung
a) Mikroökonomik.
b) Makroökonomik.
c) Makroökonomik.
d) Mikroökonomik.

Aufgabe 2-5: Methoden der Volkswirtschaftslehre
Erläutern Sie die Ceteris-Paribus-Annahme am Beispiel der Budgetbegrenzung eines Haushaltes.

Lösung
Die Ceteris-Paribus-Annahme besagt, dass man bei der Untersuchung der Auswirkungen der Veränderungen einer bestimmten ökonomischen Größe auf andere ökonomische Größen davon ausgeht, dass alle anderen Größen, die beteiligt sein könnten, unverändert bleiben. Im Beispiel der Budgetbegrenzung eines Haushaltes wird üblicherweise untersucht, welche Ursachen eine Veränderung der Nachfrage des Haushaltes haben könnte. Legt man hierbei fest, dass die Ceteris-Paribus-Annahme gelten soll, so untersucht man beispielsweise eine Veränderung des Preises für Gut 1 unter der Annahme, dass der Preis für Gut 2 und das Einkommen des Haushaltes unverändert bleiben. Alternativ kann man natürlich auch eine Einkommensveränderung analysieren; in diesem Fall wird dann angenommen, die Güterpreise unverändert bleiben. Eine dritte Variante wäre die Untersuchung einer Veränderung des Preises für Gut 2 unter der Annahme, dass der Preis für Gut 1 und das Einkommen der Haushalte unverändert bleiben.

Aufgabe 2-6: Ideengeschichte der Volkswirtschaft (1)
Ordnen Sie den nachfolgenden Ökonomen jeweils die Denkschule zu, in die ihre Arbeiten eingegangen sind:
a) Leon Walras
b) John Richard Hicks
c) Thomas von Aquin
d) Jean Baptiste Say
e) Adam Smith
f) Milton Friedman
g) George Akerlof

Lösung
a) Neoklassik.
b) Keynesianismus.
c) Scholastik.

d) Klassik.

e) Klassik.

f) Monetarismus.

g) Neue Keynesianische Makroökonomik.

Aufgabe 2-7: Ideengeschichte der Volkswirtschaft (2)

Grenzen Sie die makroökonomischen Denkschulen der Neoklassik und des Keynesianismus voneinander ab. Gehen Sie dabei auf die Flexibilität der Preise, die Möglichkeiten der Markträumung und den zeitlichen Fokus der Analyse ein.

Lösung

	Neoklassik	**Keynesianismus**
Flexibilität der Preise	Vollkommene Preisflexibilität, perfektes Preissystem	(Zumindest) kurzfristige Preisinflexibilität möglich
Markträumung	Markträumung und Vollbeschäftigungsoutput permanent gegeben	Markträumung nicht gesichert, Unterbeschäftigungsgleichgewicht möglich
Zeitlicher Fokus	Langfristige Sichtweise	Kurzfristige Sichtweise

Aufgabe 2-8: Nobelpreisträger(innen)

In Stockholm wird alljährlich der Alfred-Nobel-Gedächtnispreis für Wirtschaftswissenschaften verliehen. Laut den Statuten soll der Preis an Personen vergeben werden, die besonders bedeutsame wirtschaftswissenschaftliche Werke verfasst haben. Ordnen Sie den nachfolgenden Begründungen für eine Preisvergabe jeweils die dazugehörige Preisträgerin oder den dazugehörigen Preisträger zu.

a) „Für die Forschung zu Banken und Finanzkrisen“.

b) „Für ihre Beiträge zur dynamischen Makroökonomik: Die Zeitinkonsistenz von Wirtschaftspolitik und die treibende Kraft von Konjunkturzyklen“.

c) „Weil sie unser Verständnis der Arbeitsmarktergebnisse von Frauen verbessert hat“.

d) „Für die Integration des Klimawandels in langfristige makroökonomische Analysen“.

Lösung

a) Ben Bernanke, Douglas W. Diamond und Philip Dybvig (2022).

b) Finn E. Kydland und Edward C. Prescott (2004).

c) Claudia Goldin (2023).

d) William D. Nordhaus (2018).

Aufgabe 2-9: Paradigmen und Paradigmenwechsel in der Volkswirtschaftslehre

a) Erläutern Sie, was man unter einem wissenschaftlichen Paradigma und einem Paradigmenwechsel versteht.

b) Benennen Sie Probleme, die mit einem Paradigmenwechsel einhergehen können.

Lösung

a) Als wissenschaftliches Paradigma wird die Gesamtheit der von einer (wissenschaftlichen) Gemeinschaft geteilten Perspektiven, die dabei analysierten Probleme und Fragestellungen sowie die in diesem Rahmen mit für zulässig erachteten Methoden erarbeiteten Lösungen bezeichnet. Ein Paradigmenwechsel, der häufig in Zeiten wissenschaftlicher Revolution stattfindet, beinhaltet tiefgreifende Veränderungen: Er ist mit einem deutlichen Perspektivwechsel verbunden, zudem rücken andere Themen in den Vordergrund. Ursache für einen solchen Wandel ist zumeist Unzufriedenheit mit den bisherigen Lösungen, diese werden als nicht ausreichend oder nicht adäquat empfunden.

b) Durch die radikale Abkehr von allem bisher Gültigen, besteht die Gefahr eines gravierenden Wissensverlustes. Außerdem birgt insbesondere die Zeit des Umbruchs die Gefahr, dass Scharlatanerie und Pseudowissenschaft Raum geboten wird.

2.1.2 Kompakttraining zu Kapitel 2.1

Sind die folgenden Aussagen richtig oder falsch?

a) In der Volkswirtschaftslehre werden üblicherweise die Sektoren Haushalte, Unternehmen, Staat und Ausland unterschieden.

b) Die volkswirtschaftliche Analysemethode der Deduktion setzt bei einzelnen Beobachtungen in der Realität an und leitet hieraus allgemeine Gesetzmäßigkeiten her.

c) In der Makroökonomik werden ausschließlich Totalanalysen vorgenommen.

d) In der Mikroökonomik werden ausschließlich Partialanalysen vorgenommen.

e) Ein Modell ist immer eine 1:1-Abbildung der Realität, die alle Details berücksichtigt.

f) Wenn in einem Modell mehrere Perioden unterschieden werden, liegt ein dynamisches Modell vor.

g) Das Say'sche Theorem besagt, dass sich jedes Angebot seine eigene Nachfrage schafft.

h) John Maynard Keynes entwickelte seine bekanntesten Theorien aus den Erfahrungen der Weltwirtschaftskrise von 1929.

i) Der Neukeynesianismus lässt neoklassische Mikrofundierungen zu.

j) Eine Gegenströmung des Keynesianismus ist der Monetarismus.

Lösung

a) Richtig.

b) Falsch. *Hinweis: Diese Vorgehensweise entspricht der Induktion.*

c) Falsch. *Hinweis: Auch in der Makroökonomik werden Partialanalysen vorgenommen. Hierzu gehören beispielsweise Analysen einzelner Märkte.*

d) Falsch. *Hinweis: Auch in der Mikroökonomik werden Totalanalysen vorgenommen. Hierzu gehört beispielsweise die allgemeine Gleichgewichtstheorie.*

e) Falsch. *Hinweis: Ein Modell stellt einen kleinen vereinfachten Ausschnitt der Realität dar.*

f) Richtig.

g) Richtig.

h) Richtig.

i) Richtig.

j) Richtig.

2.2 Ökonomische Grundlagen

In diesem Kapitel werden weitere Grundlagen gelegt: Es geht dabei um die Definition und Anwendung einiger der häufigsten ökonomischen Grundbegriffe. Die hier eingeführten Begriffe werden Ihnen im Rahmen Ihres volkswirtschaftlichen Studiums immer wieder begegnen. Sie sollten sie daher verinnerlichen. Zunächst geht es um die ökonomische (nicht alltagssprachliche!) Abgrenzung von Bedürfnissen und Gütern. Anschließend werden verschiedene Güterarten vorgestellt und voneinander abgegrenzt. Gerade die sichere Kenntnis dieser Abgrenzungen ist für viele ökonomische Argumentationen (und Klausurfragen) unerlässlich. Weitere Aufgaben zu Fragen der Arbeitsteilung, dem Begriff des Marktes und den zwei Dimensionen von Gütermengen runden die Grundlagen ab.

Schlüsselbegriffe: Bedürfnis, Gut, Konsumgut, Produktionsgut, freies Gut, knappes Gut, öffentliches Gut, Arbeitsteilung, Markt, reale Größen, monetäre Größen

2.2.1 Aufgaben und Lösungen zu Kapitel 2.2

Aufgabe 2-10: Bedürfnisse (1)

Diskutieren Sie die Bedeutung menschlicher Bedürfnisse für die Volkswirtschaft.

Lösung

Bedürfnisse sind allgemein Ausdruck eines subjektiv empfundenen Mangels. Damit stellen sie eine Motivation dar, wirtschaftlich zu handeln, also knappe Ressourcen möglichst effizient einzusetzen, um einen möglichst hohen Nutzen aus ihnen zu ziehen. Ob konkrete Bedürfnisse Einfluss auf das wirtschaftliche Geschehen in einer Volkswirtschaft haben, hängt von den Möglichkeiten ihrer Befriedigung ab. Man unterscheidet wirtschaftlich relevante Bedürfnisse, zu deren Befriedigung materielle Dinge oder Dienstleistungen erforderlich sind, und wirtschaftlich irrelevante Bedürfnisse, die nicht mithilfe käuflicher Dinge bzw. Dienstleistungen befriedigt werden können. Wenn aus Bedürfnissen eine kaufkräftige Nachfrage resultiert, werden sie als Bedarf bezeichnet.

Aufgabe 2-11: Bedürfnisse (2)

Ist das Bedürfnis der Menschen nach Frieden und Sicherheit ein wirtschaftlich relevantes Bedürfnis? Erläutern Sie Ihre Überlegungen.

Lösung

Allgemein lassen sich wirtschaftlich relevante Bedürfnisse von wirtschaftlich irrelevanten Bedürfnissen dadurch abgrenzen, dass zur Befriedigung ersterer materielle Dinge oder käufliche Dienstleistungen notwendig sind, während letztere nicht allein durch diese befriedigt werden können. Somit ist das Bedürfnis nach Frieden und Sicherheit zunächst einmal nicht wirtschaftlich relevant, da ein friedliches Miteinander eine Reihe nicht käuflicher Komponenten enthält. Werden zur Schaffung oder Erhaltung von Frieden und Sicherheit jedoch z. B. die Angebote privater Sicherheitsdienste oder von Schiedsstellen in Anspruch genommen, dann befriedigen diese Dienstleister ein wirtschaftlich relevantes Bedürfnis, nämlich das nach der Durchsetzung von Regeln und Sicherheit.

Aufgabe 2-12: Güter

Was versteht man unter Gütern?

Lösung

Als Güter werden alle materiellen Dinge und alle Dienstleistungen bezeichnet, mit denen wirtschaftlich relevante Bedürfnisse befriedigt werden können.

Aufgabe 2-13: Produktionsgüter

Was versteht man unter produzierten Produktionsgütern?

Lösung

Produzierte Produktionsgüter können auch als Zwischenprodukte bezeichnet werden. Sie stellen gleichzeitig Output und Input in (unterschiedlichen) Produktionsprozessen dar. Zum einen sind sie selbst das Ergebnis eines Herstellungsprozesses, zum anderen gehen sie als Produktionsfaktor selbst in einen weiteren Produktionsprozess ein. Beispiele: Stahl als benötigtes Zwischenprodukt in der Automobilindustrie, Stoffe in der Textilindustrie.

Aufgabe 2-14: Freie Güter (1)

Durch welche zwei Eigenschaften sind freie Güter gekennzeichnet?

Lösung

Freie Güter zeichnen sich zum einen dadurch aus, dass sie unbegrenzt verfügbar sind, und zum anderen dadurch, dass zur Bedürfnisbefriedigung keine besondere Aktivität „des Konsumenten" erforderlich ist.

Aufgabe 2-15: Freie Güter (2)

Ist der Status eines Gutes als freies Gut zwangsläufig für immer festgelegt? Erläutern Sie dies am Beispiel eines Strandbesuches.

Lösung

Nein, dieser Status muss nicht dauerhaft festgelegt sein. Er kann zum einen durch externe Einflüsse und zum anderen durch Festlegung von Regeln durch die Wirtschaftssubjekte selbst geändert werden. Bei einem Strandbesuch kann man zunächst davon ausgehen, dass die gesunde Seeluft, der weiße Sandstrand und das Meerwasser freie Güter sind. Wird aber beispielsweise im nahegelegenen Hafen eine große Ölraffinerie eröffnet, so ist mit größeren Umweltbelastungen zu rechnen, welche die (freie) Verfügbarkeit von guter Luft, sauberem Wasser und unverschmutztem Sand beeinträchtigen können. Den gleichen Einfluss können auch große Besuchermengen haben. Neben diesen externen Einflüssen sind aber auch bewusste Eingriffe in die Verfügbarkeit der bislang freien Güter möglich. So kann durch die Festlegung und Durchsetzung von Eigentumsrechten der freie Zugriff auf diese Güter eingeschränkt werden. Im Rahmen des Strandbesuches wäre dies beispielsweise durch die Einrichtung eines Privatstrandes oder die Erhebung von Kurtaxe bzw. Eintritt denkbar.

Aufgabe 2-16: Autarkie

Was versteht man unter einer „Robinson-Ökonomie"?

Lösung

In Anlehnung an den Roman „Robinson Crusoe" von Daniel Defoe werden Ökonomien, in denen nur eine Wirtschaftseinheit (eine Person oder ein Sozialverband) für den eigenen Bedarf produziert, veranschaulichend als Robinson-Ökonomien bezeichnet. Andere Bezeichnungen für diese Wirtschaftsform sind Autarkie oder Subsistenzwirtschaft.

Aufgabe 2-17: Arbeitsteilung

Erstellen Sie ein Schaubild mit Wirtschaftskreisläufen, in dem die folgenden Aktivitäten berücksichtigt werden:

a) Herr Müller arbeitet als Bäckergeselle bei der Bäckerei Mehl.

b) Die Bäckerei Mehl verkauft ihre Backwaren an Herrn Müller und Frau Meier.

c) Frau Meier arbeitet als Putzfrau bei Herrn Müller.

Lösung

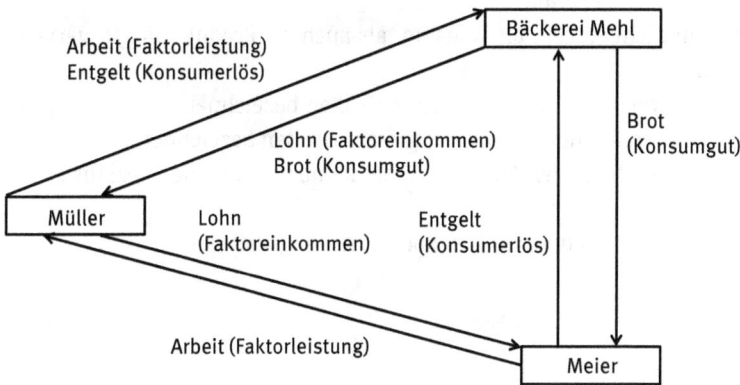

Aufgabe 2-18: Reale und monetäre Größen

Otto möchte auf dem Wochenmarkt Äpfel, Birnen, Kartoffeln und Zwiebeln einkaufen. Erstellen Sie seine Einkaufsliste sowohl in realen als auch in nominalen Größen.

Lösung

Reale Größen	Nominale Größen
5 Äpfel	Äpfel im Wert von 3 €
6 Birnen	Birnen im Wert von 5 €
1 kg Kartoffeln	Kartoffeln im Wert von 1 €
500 g Zwiebeln	Zwiebeln im Wert von 2 €

2.2.2 Kompakttraining zu Kapitel 2.2

Sind die folgenden Aussagen richtig oder falsch?
a) Wenn sich ein Wirtschaftssubjekt entscheidet, Geld zur Befriedigung eines bestimmten Bedürfnisses auszugeben, führt dieses zu einem Bedarf.
b) Für private Güter gilt das Ausschlussprinzip.
c) Zwischenprodukte gehören zu den produzierten Produktionsfaktoren.
d) Für knappe Güter gilt, dass sie nur durch eine Aktivität erlangt werden können.
e) Der Ort, an dem die Wirtschaftssubjekte in Tauschbeziehungen zueinander treten, wird Markt genannt.
f) Ein Gut kann nicht sowohl als Konsum- als auch als Produktionsgut verwendet werden.
g) Reale Größen werden auch als monetäre Größen bezeichnet.
h) Nominale Größen werden auch als monetäre Größen bezeichnet.
i) In der Wirtschaftsform der Autarkie findet keine wesentliche Spezialisierung statt.
j) Arbeitsteilung führt in der Regel zu Spezialisierungsvorteilen.

Lösung
a) Richtig.
b) Richtig.
c) Richtig.
d) Richtig.
e) Richtig.
f) Falsch. *Hinweis: Es gibt durchaus Güter, welche in beiden Funktionen verwendet werden können. Beispielsweise kann Gemüse sowohl konsumiert als auch in der Lebensmittelindustrie verarbeitet werden.*

g) Falsch. *Hinweis: Reale Größen beschreiben die vorhandene Menge eines Gutes, monetäre Größen den Wert dieser Gütermenge in Geldeinheiten.*

h) Richtig.

i) Richtig.

j) Richtig.

3 Mikroökonomik

3.1 Konsum und Faktorangebot der Haushalte (Haushaltstheorie)

In diesem Kapitel geht es um die Haushaltstheorie, die zusammen mit der Produktionstheorie und der Theorie der Marktordung die Hauptsäulen der modernen Mikroökonomik bildet. Die Mikroökonomik wird Ihnen in Gestalt dieser Themen auch im weiteren Verlauf Ihres Studiums immer wieder begegnen, es lohnt sich daher auf jeden Fall, die Grundlagen eingehend zu studieren. Die Haushaltstheorie beschäftigt sich – auf etwas abstrakterem Niveau – mit alltäglichen Konsumentscheidungen. Zunächst geht es darum, welche Vorlieben (oder Präferenzen) ein Konsument hat. Anschließend wird die Frage, über welches Budget er dabei verfügen kann, erörtert. Für den optimalen Konsumplan – die Nutzenmaximierung – müssen diese beiden Aspekte dann nur noch zusammengebracht werden. Dabei werden auch einige Spezialfälle wie Fragen nach dem optimalen Verhältnis von Arbeit und Freizeit oder nach dem optimalen Verhältnis von Sparen und Konsum berücksichtigt.

Schlüsselbegriffe: Präferenzen, Indifferenzklasse, Indifferenzkurve, Nichtsättigung, Grenzrate der Substitution, Budgetgerade, Nutzenmaximum, Grenznutzen, Einkommens-Konsum-Kurve, Preis-Konsum-Kurve, intertemporale Nutzenmaximierung

3.1.1 Aufgaben und Lösungen zu Kapitel 3.1

Aufgabe 3-1: Rationales Entscheiden
Kasimir kann genau zwischen den drei Güterbündeln A, B und C wählen. Er legt also seine Präferenzordnung hinsichtlich dieser drei Konsumgüterbündel fest. Welche der folgenden Präferenzordnungen Kasimirs sind transitiv?
a) $A \succ B, B \succ C, A \succ C$
b) $A \succ B, B \sim C, A \succ C$
c) $A \sim B, B \sim C, A \sim C$
d) $A \succ C, C \succ B, B \succ A$

Lösung
a) Transitiv. *Hinweis: Kasimir findet Güterbündel A am besten. Ist dies nicht verfügbar, so würde er Güterbündel B wählen. Güterbündel C stiftet ihm den geringsten Nutzen.*

https://doi.org/10.1515/9783111252667-003

b) Transitiv. *Hinweis: Kasimir findet Güterbündel A am besten. Ist dies nicht verfügbar, so würde er Güterbündel B oder C wählen. Welches dieser beiden Güterbündel er erhält, ist ihm dabei egal.*

c) Transitiv. *Hinweis: Kasimir findet alle drei Güterbündel gleich gut. Transitivität gilt auch für Indifferenz.*

d) Nicht transitiv. *Hinweis: Wenn Kasimir eine rationale Präferenzordnung hat, ist er in der Lage eine rationale Entscheidung zu treffen. Er ist in der Lage, die drei Güterbündel in einer eindeutigen Reihenfolge bezüglich seiner Präferenzen anzuordnen. Hier ist dies nicht möglich: Kasimir zieht Güterbündel A dem Güterbündel C vor, C wiederum findet er besser als B. Wenn er nun aber angibt, dass ihm B lieber ist als A, so steht dies in einem nicht lösbaren Widerspruch zu den anderen Aussagen.*

Aufgabe 3-2: Präferenzen des Haushaltes

Die Abbildung zeigt mehrere Güterbündel in einem Zwei-Güter-Diagramm. Ein Haushalt besitzt Mengen der beiden Güter x_1 und x_2, die dem Güterbündel S entsprechen. Für beide Güter gilt die Annahme der Nichtsättigung.

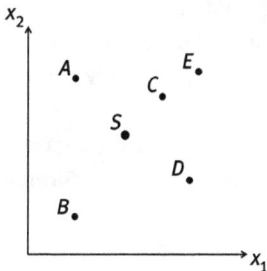

Entscheiden Sie für die Güterbündel A bis E jeweils, ob der Haushalt dieses Güterbündel seinem Güterbündel S sicher vorzieht oder sicher nicht vorzieht oder ob seine Entscheidung unsicher ist.

Lösung

Der Haushalt zieht die Güterbündel C und E seinem Güterbündel S sicher vor. Das Güterbündel B hingegen zieht er seinem Güterbündel S sicher nicht vor. Bei den Güterbündeln A und D ist unsicher, ob der Haushalt dieses Güterbündel seinem Güterbündel S vorzieht.

Hinweis: Auf Basis der vorhandenen Annahmen können nur dann sichere Aussagen bezüglich der Präferenzen des Haushaltes getroffen werden, wenn die neuen Güterbündel entweder größere Mengen von beiden Gütern (besser!) oder kleinere Mengen von beiden Gütern (schlechter!) enthalten. Da keine konkreten Informatio-

nen über das Nutzenverhältnis der beiden Güter vorhanden sind, können gegenläufige Veränderungen der Gütermengen nicht sicher bewertet werden.

Aufgabe 3-3: Indifferenzkurven

Die Abbildung zeigt ein Zwei-Güter-Diagramm. Für die beiden Güter x_1 und x_2 gilt dabei das Prinzip der Nichtsättigung. I_1 bezeichnet die ursprüngliche Indifferenzkurve eines Haushaltes, der zwischen verschiedenen Konsummengen beider Güter wählen kann.

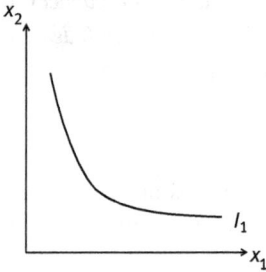

a) Erläutern Sie, was man unter einer Indifferenzkurve versteht.

b) Zeichnen Sie in der Abbildung zusätzlich eine Indifferenzkurve I_2 mit einem niedrigeren Nutzenwert für den Haushalt und eine Indifferenzkurve I_3 mit einem höheren Nutzenwert für den Haushalt ein.

c) Gehen Sie weiterhin vom Zwei-Güter-Fall und der Gültigkeit des Nichtsättigungsprinzips für beide Güter aus. Begründen Sie, warum eine Indifferenzkurve in diesem Fall eine negative Steigung hat.

Lösung

a) Eine Indifferenzkurve ist der geometrische Ort, auf dem alle Güterbündel liegen, die einem Haushalt denselben Nutzen stiften. Diese Güterbündel können unterschiedliche Mengen der einzelnen Güter enthalten. Der Nutzenverlust, der durch eine Verringerung der Menge eines Gutes entsteht, wird durch einen zusätzlichen Nutzengewinn durch eine Erhöhung der Menge eines anderen Gutes ausgeglichen.

b)

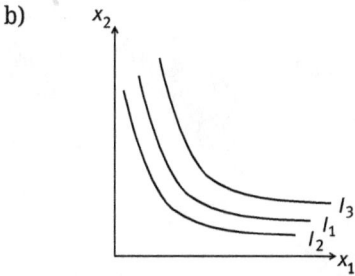

Der Haushalt präferiert größere Mengen beider Güter jeweils gegenüber kleineren Mengen (Nichtsättigungsprinzip). Sämtliche Kombinationen der beiden Güter, die auf einer Indifferenzkurve liegen, stiften dem Haushalt den gleichen Nutzen. Eine Zunahme der konsumierten Menge des einen Gutes (z. B. x_1) muss daher mit einem Rückgang der konsumierten Menge des anderen Gutes (z. B. x_2) einhergehen, wenn der Haushalt auf ein und derselben Indifferenzkurve bleiben soll. Dies wird durch die negative Steigung abgebildet. Ansonsten würde sich das Nutzenniveau des Haushaltes ändern. Dies würde jedoch ein Verlassen der Indifferenzkurve bedeuten.

Aufgabe 3-4: Nutzenmaximierung (1)

Otto konsumiert Äpfel (A) und Birnen (B). Er hat dabei folgende Nutzenfunktion: $U = (A − 3) \cdot (B − 4)$. In der Ausgangssituation hat Otto 8 Äpfel und 10 Birnen.

a) Bestimmen Sie Ottos Gesamtnutzen in der Ausgangssituation.

b) Franz bietet Otto nun einen Tausch an: Er möchte 3 von Ottos Birnen haben. Wie viele Äpfel muss er Otto anbieten, damit dessen Gesamtnutzen vor und nach dem Tausch gleich hoch ist?

Lösung

a) Berechnung des Gesamtnutzens:

$$U = (A − 3) \cdot (B − 4)$$

Einsetzen der Werte:

$$U = (8 − 3) \cdot (10 − 4) = 5 \cdot 6 = 30$$

b) Berechnung Ottos neuer Birnenmenge:

$$B^{neu} = 10 − 3 = 7$$

Berechnung Ottos neuer Apfelmenge:

$$U = (A^{neu} - 3) \cdot (B^{neu} - 4) = 30$$

$$(A^{neu} - 3) \cdot (7 - 4) = 30$$

$$(A^{neu} - 3) \cdot 3 = 30$$

$$A^{neu} - 3 = 10$$

$$A^{neu} = 13$$

Otto benötigt nach dem Tauschgeschäft insgesamt 13 Äpfel, um den gleichen Gesamtnutzen wie vor dem Tauschgeschäft zu erhalten. Da er in der Ausgangssituation bereits über 8 Äpfel verfügt, muss Franz ihm 13 − 8 = 5 Äpfel anbieten.

Aufgabe 3-5: Nutzenmaximierung (2)

Franz trinkt gerne Kölsch (K) und Riesling (R). Er hat dabei folgende Nutzenfunktion: $U = (K - 4)^2 \cdot (R - 1)^2$ mit $K \geq 4$ und $R \geq 1$. In der Ausgangssituation besitzt Mark 8 Flaschen Kölsch und 3 Flaschen Riesling.

a)   Bestimmen Sie Marks Gesamtnutzen in der Ausgangssituation.

b)   Petra bietet Mark nun einen Tausch an. Sie möchte 3 von Marks Flaschen Kölsch haben. Wie viele Flaschen Riesling muss sie Mark anbieten, damit dessen Gesamtnutzen vor und nach dem Tausch gleich hoch ist?

Lösung

a)   Berechnung des Gesamtnutzens:

$$U = (K - 4)^2 \cdot (R - 1)^2$$

Einsetzen der Werte:

$$U = (8 - 4)^2 \cdot (3 - 1)^2 = 4^2 \cdot 2^2 = 64$$

b)   Berechnung Marks neuer Kölschmenge:

$$K^{neu} = 8 - 3 = 5$$

Berechnung Marks neuer Rieslingmenge:[1]

---

[1] Im Übergang von der vierten zur fünften Zeile der Rechnung wird auf die zweite binomische Formel zurückgegriffen. Ab der siebten Zeile der Rechnung wird die pq-Formel als Verfahren zum Lösen quadratischer Gleichungen verwendet.

$$U = \left(K^{\text{neu}} - 4\right)^2 \cdot \left(R^{\text{neu}} - 1\right)^2 = 64$$

$$\left(5 - 4\right)^2 \cdot \left(R^{\text{neu}} - 1\right)^2 = 64$$

$$1^2 \cdot \left(R^{\text{neu}} - 1\right)^2 = 64$$

$$\left(R^{\text{neu}} - 1\right)^2 = 64$$

$$R^{\text{neu}2} - 2 \cdot R^{\text{neu}} + 1 = 64$$

$$R^{\text{neu}2} - 2 \cdot R^{\text{neu}} - 63 = 0$$

$$R^{\text{neu}} = -\frac{-2}{2} \pm \sqrt{\frac{(-2)^2}{4} + 63}$$

$$R^{\text{neu}} = 1 \pm \sqrt{64}$$

$$R^{\text{neu}} = 1 \pm 8$$

$$R_1^{\text{neu}} = 9$$

$$\left(R_2^{\text{neu}} = -7\right)$$

Mark benötigt nach dem Tauschgeschäft insgesamt 9 Flaschen Riesling, um den gleichen Gesamtnutzen wie vor dem Tauschgeschäft zu erhalten. Da er in der Ausgangssituation bereits über 3 Flaschen Riesling verfügt, muss Petra ihm 9 – 3 = 6 Flaschen Riesling anbieten.

Aufgabe 3-6: Nutzenmaximierung (3)
Jacqueline gibt ihr gesamtes Einkommen für den Konsum von Lippenstiften und Sonnenbrillen aus. Der Preis für Lippenstifte erhöht sich, während der Preis für Sonnenbrillen konstant bleibt. Jacqueline reagiert auf diese Preisänderung, indem sie ihre nutzenmaximierenden Konsummengen ändert.
a)   In welche beiden Effekte lässt sich Jacquelines Reaktion aufteilen?
b)   Erläutern Sie diese beiden Effekte anhand des Beispiels.

Lösung
a)   Einkommenseffekt und Substitutionseffekt.
b)   Der Einkommenseffekt erfasst, wie sich infolge einer Preisänderung Jacquelines bisherige Konsummengen dadurch verändern, dass mit dieser Preisänderung eine Veränderung ihres realen Einkommens – also der Gütermenge, die sie insgesamt konsumieren kann – einhergeht: Dadurch, dass sich der Preis für Lippenstifte erhöht, kann sich Jacqueline insgesamt weniger Einkäufe leisten. Um weiterhin ihren Nutzen zu maximieren, muss sie ihre Kon-

summengen verändern. Der Substitutionseffekt erfasst, wie sich infolge einer Preisänderung Jacquelines Konsummengen verändern. Mit dieser Preisänderung geht eine Änderung des Preis- und damit auch des Austauschverhältnisses zwischen Lippenstiften und Sonnenbrillen einher. Dadurch, dass sich der Preis für Lippenstifte erhöht hat, ändert sich für Jacqueline das Austauschverhältnis von Lippenstiften und Sonnenbrillen. Lippenstifte werden im Verhältnis zu Sonnenbrillen teurer. Wie Jacqueline nun aufgrund der Erhöhung des Lippenstiftpreises ihren Konsum verändert, hängt davon ab, wie stark die beiden Effekte jeweils sind und in welche Richtungen sie wirken. (Es ist beispielsweise möglich, dass Jacqueline ausschließlich ihren Lippenstiftkonsum einschränkt, dass sie auf Lippenstifte und Sonnenbrillen gleichermaßen verzichtet oder dass sie mehr Lippenstifte und weniger Sonnenbrillen kauft.)

Aufgabe 3-7: Die Budgetbeschränkung des Haushaltes (1)

Die Abbildung zeigt ein Zwei-Güter-Diagramm. Durch die gegebene Budgetgerade wird jeweils die Budgetbeschränkung eines Haushaltes $y = p_1 \cdot x_1 + p_2 \cdot x_2$ in der Ausgangssituation repräsentiert. Dabei stehen y für das Einkommen des Haushaltes, p_1 und p_2 für die jeweiligen Preise und x_1 und x_2 für die jeweiligen Mengen der beiden Güter.

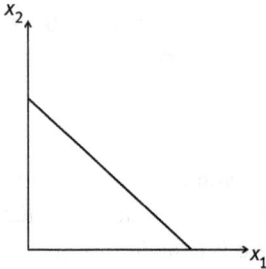

a) Zeichnen Sie ein, wie sich eine Einkommenserhöhung ceteris paribus auf die Lage der Budgetgeraden auswirkt.
b) Zeichnen Sie ein, wie sich eine Einkommenssenkung ceteris paribus auf die Lage der Budgetgeraden auswirkt.
c) Zeichnen Sie ein, wie sich eine Erhöhung des Preises von Gut 1 (p_1) ceteris paribus auf die Lage der Budgetgeraden auswirkt.
d) Zeichnen Sie ein, wie sich ein Rückgang des Preises von Gut 2 (p_2) ceteris paribus auf die Lage der Budgetgeraden auswirkt.

Lösung

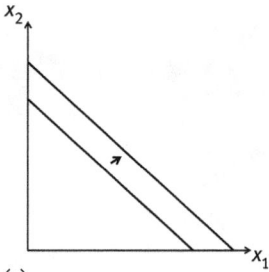

(a)

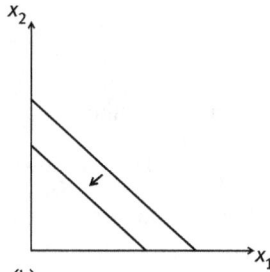

(b)

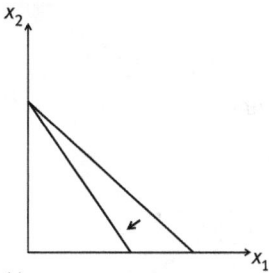

(c)

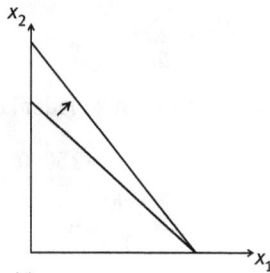

(d)

Aufgabe 3-8: Die Budgetbeschränkung des Haushaltes (2)

Karla hat ein Einkommen in Höhe von 100 Euro. Dieses Einkommen gibt sie vollständig für den Konsum von Schokolade und Gummibärchen aus. Der Preis für eine Tafel Schokolade beträgt 1 Euro, der Preis für eine Tüte Gummibärchen beträgt 2,50 Euro.

a) Stellen Sie Karlas Budgetbeschränkung auf.

b) Wie viele Tafeln Schokolade kann Karla in der Ausgangssituation höchsten konsumieren?

c) Karlas Einkommen sinkt nun auf 50 Euro. Wie viele Tüten Gummibärchen kann Karla nun höchstens konsumieren?

d) Nun erhöht sich Karlas Einkommen auf 200 Euro. Gleichzeitig verdoppelt sich der Preis für Schokolade, während der Preis für Gummibärchen sich verdreifacht. Stellen Sie Karlas neue Budgetbeschränkung auf.

e) Sind Karlas Konsummöglichkeiten durch diese Veränderungen (siehe d) besser oder schlechter geworden? Begründen Sie Ihre Entscheidung.

Lösung

a) Allgemeine Budgetbeschränkung:

$$y = p_1 \cdot x_1 + p_2 \cdot x_2$$

Ermittlung von Karlas Budgetbeschränkung:

$$100 = 1 \cdot x_1 + 2{,}50 \cdot x_2$$

b) Der maximale Schokoladenkonsum wird erreicht, wenn gar keine Gummibärchen konsumiert werden:

$$y = p_1 \cdot x_1 + p_2 \cdot 0$$

$$x_1 = \frac{y}{p_1}$$

Ermittlung von Karlas maximalem Schokoladenkonsum:

$$100 = 1 \cdot x_1 + 2{,}50 \cdot 0$$

$$x_1 = \frac{100}{1} = 100$$

c) Der maximale Gummibärchenkonsum wird erreicht, wenn gar keine Schokolade konsumiert wird:

$$y = p_1 \cdot 0 + p_2 \cdot x_2$$

$$x_2 = \frac{y}{p_2}$$

Ermittlung von Karlas maximalem Gummibärchenkonsum bei neuem Einkommen:

$$50 = 1 \cdot 0 + 2{,}50 \cdot x_2$$

$$x_2 = \frac{50}{2{,}50} = 20$$

d) Allgemeine Budgetbeschränkung:

$$y = p_1 \cdot x_1 + p_2 \cdot x_2$$

Ermittlung von Karlas neuem Einkommen sowie den neuen Preisen:

$$y^{neu} = 200$$

$$p_1^{neu} = 2 \cdot p_1 = 2 \cdot 1 = 2$$

$$p_2^{neu} = 3 \cdot p_2 = 3 \cdot 2{,}50 = 7{,}50$$

Ermittlung von Karlas neuer Budgetbeschränkung:

$$y^{neu} = p_1^{neu} \cdot x_1 + p_2^{neu} \cdot x_2$$
$$200 = 2 \cdot x_1 + 7{,}50 \cdot x_2$$

e) Die Bewertung Karlas neuer Konsummöglichkeiten hängt von den von ihr konsumierten Mengen ab. Konsumiert Karla ausschließlich Schokolade, so bleiben ihre Konsummöglichkeiten gleich, da sie mit ihrem neuen Einkommen in diesem Fall genauso viel Schokolade konsumieren kann wie früher. Konsumiert Karla aber auch Gummibärchen, so verschlechtern sich ihre Konsummöglichkeiten, da die Preissteigerung hier größer ist als die Einkommenserhöhung. Sie kann dann insgesamt nur weniger konsumieren. Eine Verbesserung von Karlas Konsummöglichkeiten ist ausgeschlossen, da ein Mehrkonsum gegenüber der Ausgangssituation in allen Fällen ausgeschlossen ist.

Aufgabe 3-9: Die Budgetbeschränkung des Haushaltes (3)
Gegeben sei die folgende Budgetbeschränkung des Haushaltes: $y = p_1 \cdot x_1 + p_2 \cdot x_2$. Dabei stehen y für das Einkommen des Haushaltes, p_1 und p_2 für die jeweiligen Preise und x_1 und x_2 für die jeweiligen Mengen der beiden Güter.
a) Zeichnen Sie die Budgetgerade in das nachfolgende Schaubild ein und definieren Sie ihre Schnittpunkte mit den Achsen nur mithilfe der in der Budgetbeschränkung verwendeten Variablen.
b) Zeichnen Sie ein, wie sich die Lage der Budgetgeraden verändert, wenn sich ceteris paribus das Einkommen des Haushaltes halbiert. Achten Sie dabei auf den korrekten Maßstab und beschriften Sie die Achsenabschnitte entsprechend.
c) Zeichnen Sie ein, wie sich die Lage der ursprünglichen Budgetgeraden verändert, wenn sich ceteris paribus der Preis des ersten Gutes halbiert. Achten Sie dabei auf den korrekten Maßstab und beschriften Sie die Achsenabschnitte entsprechend.

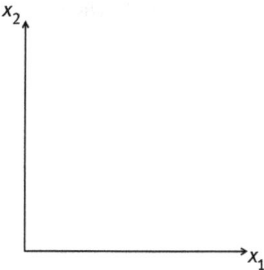

Lösung

(a)

(b)

(c)

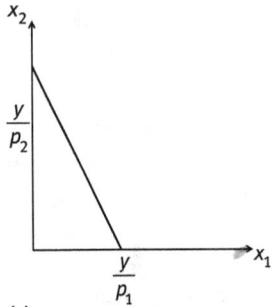

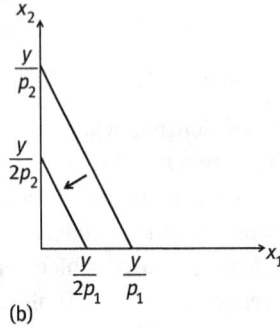

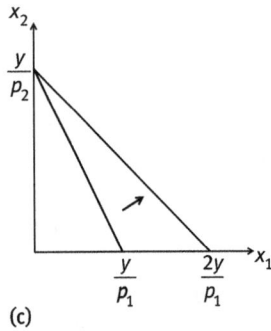

Aufgabe 3-10: Nutzenmaximierung (1)

Die Abbildung zeigt mehrere Güterbündel (V, W, X, Y, Z) in einem Zwei-Güter-Diagramm. Durch die gegebene Budgetgerade wird die Budgetbeschränkung eines Haushaltes $y = p_1 \cdot x_1 + p_2 \cdot x_2$ repräsentiert. Dabei stehen y für das Einkommen des Haushaltes, p_1 und p_2 für die jeweiligen Preise und x_1 und x_2 für die jeweiligen Mengen der beiden Güter. Weiterhin bilden die Indifferenzkurven I_1, I_2, I_3 die Präferenzen des Haushaltes bezüglich der Güter 1 und 2 ab. Die Präferenzen des Haushaltes sind vollständig und transitiv, zudem gilt für beide Güter die Annahme der Nichtsättigung.

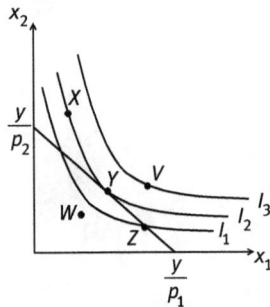

Welche der folgenden Aussagen über das Konsumverhalten des Haushaltes sind korrekt?

a) Der Haushalt zieht das Güterbündel Y dem Güterbündel X vor.
b) Der Haushalt kann sich das Güterbündel W nicht leisten.
c) Der Haushalt kann sich das Güterbündel V nicht leisten.
d) Der Haushalt zieht das Güterbündel V allen anderen Güterbündeln vor.
e) Der Haushalt ist indifferent zwischen den Güterbündeln Y und Z.
f) Die Güterbündel Y und Z kosten dasselbe.
g) Die Güterbündel X und Y kosten dasselbe.
h) Der Haushalt maximiert seinen Nutzen unter Berücksichtigung seiner Budgetbeschränkung durch den Konsum des Güterbündels Y.
i) Der Haushalt maximiert seinen Nutzen unter Berücksichtigung seiner Budgetbeschränkung durch den Konsum des Güterbündels Z.

Lösung

a) Falsch. *Hinweis: Die beiden Güterbündel liegen auf derselben Indifferenzkurve, der Haushalt hält sie daher für gleichwertig.*
b) Falsch. *Hinweis: Das Güterbündel liegt unterhalb der Budgetgeraden, der Haushalt könnte es sich sogar leisten, ohne dafür sein gesamtes Budget ausgeben zu müssen.*
c) Richtig. *Hinweis: Das Güterbündel liegt oberhalb der Budgetgeraden, das Budget des Haushaltes reicht nicht aus, um diese Gütermengen beider Güter zu kaufen.*
d) Richtig. *Hinweis: Das Güterbündel liegt auf der am weitesten vom Ursprung entfernten Indifferenzkurve. Es würde dem Haushalt daher den höchsten Nutzen stiften – unabhängig davon, ob er es sich leisten könnte.*
e) Falsch. *Hinweis: Die beiden Güterbündel liegen auf unterschiedlichen Indifferenzkurven, der Haushalt zieht das Güterbündel Y dem Güterbündel Z vor.*
f) Richtig. *Hinweis: Die beiden Güterbündel liegen auf derselben Budgetgeraden, sie können daher genau mit demselben Einkommen finanziert werden.*
g) Falsch. *Hinweis: Das Güterbündel x liegt oberhalb der Budgetgeraden, auf der das Güterbündel Y liegt, es kostet daher mehr.*
h) Richtig. *Hinweis: Das Güterbündel liegt auf der höchsten mit dem gegebenen Einkommen erreichbaren Indifferenzkurve.*
i) Falsch. *Hinweis: Das Güterbündel liegt zwar auf der Budgetgeraden, der Haushalt kann es sich also gerade leisten, es liegt dabei aber nicht auf der höchsten mit dem gegebenen Einkommen erreichbaren Indifferenzkurve. Der Haushalt könnte sich besserstellen, indem er stattdessen das Güterbündel Y wählt.*

Aufgabe 3-11: Der Haushalt als Sparer (1)

Betrachtet wird ein Zeitraum, der sich über zwei Perioden t ($t = 1;2$) erstreckt. Ein Haushalt erzielt in beiden Perioden Einkommen (y_1 und y_2), das ihm zu Konsumzwecken zur Verfügung steht (c_1 oder c_2). Er kann außerdem in der ersten Periode zu einem Zinssatz i einen Teil von y_1 als Ersparnis anlegen oder Kredite aufnehmen, die er in der zweiten Periode aus seinem Einkommen y_2 zurückzahlen muss.

a) Bestimmen Sie den größtmöglichen Konsum in der ersten Periode.
b) Bestimmen Sie den größtmöglichen Konsum in der zweiten Periode.
c) Bestimmen Sie die Konsummöglichkeiten des Haushaltes in beiden Perioden, wenn er in der ersten Periode s_1 spart.
d) Bestimmen Sie die Konsummöglichkeiten des Haushaltes in beiden Perioden, wenn er in der ersten Periode einen Kredit in Höhe von k_1 aufnimmt.

Lösung

a) Der größtmögliche Konsum in der ersten Periode setzt sich zusammen aus dem Verbrauch des gesamten Einkommens dieser Periode sowie eines Kredits, der in der zweiten Periode gerade durch das Einkommen y_2 getilgt werden kann:

$$c_1^{max} = y_1 + \frac{y_2}{1+i}$$

Hinweis: Das Einkommen der zweiten Periode ist abzuzinsen. Der Haushalt kann es in der ersten Periode nicht im vollen Umfang ausgeben, da er in der zweiten Periode neben der Rückzahlung auch eine Zinszahlung leisten muss.

b) Der größtmögliche Konsum in der zweiten Periode setzt sich zusammen aus dem Verbrauch des gesamten Einkommens der zweiten Periode sowie des gesparten und verzinsten Einkommens der ersten Periode:

$$c_2^{max} = (1+i) \cdot y_1 + y_2$$

c) In der ersten Periode steht dem Haushalt der nicht gesparte Teil seines Einkommens aus dieser Periode zu Konsumzwecken zur Verfügung. In der zweiten Periode kann der Haushalt neben dem Einkommen der zweiten Periode den gesparten und verzinsten Anteil des Einkommens der ersten Periode konsumieren:

$$c_1 = y_1 - s_1$$
$$c_2 = (1+i) \cdot s_1 + y_2$$

d) In der ersten Periode stehen dem Haushalt sein Einkommen aus dieser Periode sowie der Kredit k_1 zu Konsumzwecken zur Verfügung. In der zweiten Periode kann der Haushalt denjenigen Teil seines Einkommens dieser Periode für Konsumzwecke nutzen, den er nicht für die Rückzahlung (und die Zinszahlung) des Kredits benötigt:

$$c_1 = y_1 + k_1$$

$$c_2 = y_2 - (1 + i) \cdot k_1$$

Aufgabe 3-12: Der Haushalt als Sparer (2)

Betrachtet wird das Konsumverhalten eines Haushaltes über zwei Perioden. In der ersten Periode erzielt der Haushalt ein Einkommen in Höhe von 2000 Euro, in der zweiten Periode ein Einkommen in Höhe von 1800 Euro. Darüber hinaus kann der Haushalt zu einem Zinssatz in Höhe von 5 % sowohl Ersparnisse anlegen als auch Kredite aufnehmen. Es wird unterstellt, dass der Haushalt in den beiden Perioden insgesamt genau sein gesamtes Einkommen ausgibt: Kredite, die in der ersten Periode aufgenommen werden, müssen in der zweiten Periode zurückgezahlt werden; Ersparnisse, die in der ersten Periode angelegt werden, müssen in der zweiten Periode aufgelöst werden.

a) Wie groß ist der größtmögliche Konsum in der ersten Periode?
b) Wie groß ist der größtmögliche Konsum in der zweiten Periode?
c) Wenn der Haushalt sich entscheidet, in der ersten Periode einen Konsum in Höhe von 1900 Euro zu genießen, wie groß sind dann seine Konsummöglichkeiten in der zweiten Periode?
d) Wenn der Haushalt sich entscheidet, in der ersten Periode einen Konsum in Höhe von 2500 Euro zu genießen, wie groß sind dann seine Konsummöglichkeiten in der zweiten Periode?

Lösung

a) Der größtmögliche Konsum in der ersten Periode wird erzielt, wenn neben dem gesamten Einkommen dieser Periode auch noch das gesamte abgezinste Einkommen der Folgeperiode konsumiert wird:

$$c_1^{max} = y_1 + \frac{y_2}{1 + i} = 2000 + \frac{1800}{1 + 0{,}05} = 3714{,}29$$

b) Der größtmögliche Konsum in der zweiten Periode wird erzielt, wenn neben dem gesamten Einkommen dieser Periode auch noch das gesamte verzinste Einkommen der Vorperiode konsumiert wird, in der ersten Periode also nur Ersparnisse gebildet werden:

$$c_2^{max} = y_2 + y_1 \cdot (1 + i) = 1800 + 2000 \cdot (1 + 0{,}05) = 3900$$

c) Wenn in der ersten Periode 1900 Euro des Einkommens konsumiert werden, können Ersparnisse in Höhe von 100 Euro gebildet und verzinst werden. Diese können in der zweiten Periode zusätzlich zu dem in dieser Periode erzielten Einkommen konsumiert werden:

$$c_2 = y_2 + (y_1 - 1900) \cdot (1 + i) = 1800 + 100 \cdot (1 + 0,05) = 1905$$

d) Wenn in der ersten Periode 2500 Euro konsumiert werden sollen, muss neben dem Einkommen ein Kredit in Höhe von 500 Euro aufgenommen werden. Dieser muss in der zweiten Periode zuzüglich Zinsen zurückgezahlt werden und mindert hier entsprechend die Konsummöglichkeiten:

$$c_2 = y_2 - 500 \cdot (1 + i) = 1800 - 500 \cdot (1 + 0,05) = 1275$$

3.1.2 Kompakttraining zu Kapitel 3.1

Sind die folgenden Aussagen richtig oder falsch?

a) Präferenzen werden als konsistent bezeichnet, wenn sie vollständig und transitiv sind.

b) Die folgende Situation erfüllt die Annahme der Nichtsättigung: Klaus zieht einen Obstkorb mit 10 Äpfeln und 3 Birnen einem Obstkorb mit 9 Äpfeln und 3 Birnen vor.

c) Die folgende Situation erfüllt die Annahme der Nichtsättigung: Bärbel zieht einen Obstkorb mit 3 Kiwis und 4 Bananen einem Obstkorb mit 4 Kiwis und 3 Bananen vor.

d) Die Bewegung auf einer Indifferenzkurve entspricht einem Substitutionsprozess.

e) Die Grenzrate der Substitution gibt das Austauschverhältnis der beiden Güter an einem bestimmten Punkt der Indifferenzkurve an.

f) Die Grenzrate der Substitution ist entlang einer Indifferenzkurve immer konstant.

g) Der Haushalt als Arbeitsanbieter muss sein Budget zwischen den „Gütern" Konsum und Freizeit aufteilen. Seine Budgetbeschränkung ist dabei eine zeitliche.

h) Im Zwei-Güter-Fall führt die Preiserhöhung für ein Gut ceteris paribus immer zu einem Mehrkonsum des anderen Gutes.

i) Im Nutzenmaximum entspricht die Grenzrate der Substitution der Steigung der Budgetgeraden.

j) Im Nutzenmaximum sind die mit den jeweiligen Güterpreisen gewichteten Grenznutzen des Konsums gleich.

Lösung

a) Richtig.

b) Richtig.

c) Falsch. *Hinweis: Die Annahme der Nichtsättigung besagt, dass die Konsumentin auf jeden Fall einen Obstkorb vorzieht, der mindestens ein Stück Obst mehr enthält. Dies ist hier nicht der Fall, eine zusätzliche Kiwi muss mit dem Verlust einer Banane „bezahlt" werden und umgekehrt. Allein mit der Annahme der Nichtsättigung ist hier keine Aussage über die Präferenzen des Haushaltes möglich.*

d) Richtig.

e) Richtig.

f) Falsch. *Hinweis: Eine konstante Grenzrate der Substitution liegt nur beim Sonderfall einer „Indifferenzgeraden" vor. Sobald die Indifferenzkurve eine Krümmung aufweist, ändert sich die Grenzrate der Substitution entlang der Kurve. Dies bedeutet, dass das Austauschverhältnis zwischen den beiden betrachteten Gütern in Abhängigkeit von den jeweils vorhandenen Gütermengen variiert.*

g) Richtig.

h) Falsch. *Hinweis: Wie sich das Konsumverhalten eines Haushaltes im Einzelfall genau verändert, hängt von seiner Präferenzstruktur ab. Sowohl ein Mehr- als auch ein Minderkonsum oder eine unveränderte Konsummenge des anderen Gutes sind möglich. Abhängig ist das konkrete Ergebnis von der Stärke und der Wirkungsrichtung der Einkommens- und Substitutionseffekte.*

i) Richtig.

j) Richtig.

3.2 Produktion und Güterangebot der Unternehmen (Produktionstheorie)

In diesem Kapitel geht es um die zweite Säule der modernen Mikroökonomik, die Produktionstheorie. Analyseobjekt sind nun die Unternehmen als Ort der Herstellung und des Verkaufs von Gütern. Zunächst geht es um die genauen Zusammenhänge der Güterproduktion: Welche Produktionsfaktoren werden in welchen Mengen eingesetzt, um einen bestimmten Output zu erzeugen? Anschließend geht es um die Frage, wie die Unternehmen dabei die optimale Geschäftspolitik umsetzen, also eine Gewinnmaximierung anstreben können. Hierzu müssen nun auch die Möglichkeiten des Verkaufs berücksichtigt werden.

Schlüsselbegriffe: Produktionsfaktoren, limitationale Produktionsfunktion, substituierbare Produktionsfunktion, Isoquante, partielle Faktorvariation, Durchschnittsproduktivität, Grenzproduktivität, Produktionselastizität, Cobb-Douglas-

Produktionsfunktion, Skalenerträge, Economies of Scale, Kosten, Opportunitätskosten, Grenzkosten, Preis, Erlös, Gewinn, Gewinnmaximierung

3.2.1 Aufgaben und Lösungen zu Kapitel 3.2

Aufgabe 3-13: Produktionsfunktion (1)
a) Was versteht man unter einer Produktionsfunktion?
b) Nennen Sie zwei Typen von Produktionsfunktionen und beschreiben Sie
diese kurz.

Lösung
a) Eine Produktionsfunktion stellt den funktionalen Zusammenhang zwischen
Input und Output eines Produktionsprozesses dar. Sie legt fest, mit genau
welchen Mengen der benötigten Produktionsfaktoren eine bestimmte Menge
des zu produzierenden Gutes hergestellt wird.
b) **Limitationale Produktionsfunktion:** Zur Produktion des Outputs ist ein
bestimmtes Verhältnis der eingesetzten Produktionsfaktoren nötig. Der Output kann nur erhöht werden, wenn alle notwendigen Inputfaktoren ihrem
Anteil entsprechend erhöht werden. Durch den Mehreinsatz nur eines von
mehreren notwendigen Inputfaktoren kann der Output nicht erhöht werden, da die Produktionsmöglichkeiten durch die übrigen Inputfaktoren beschränkt sind.

Substituierbare Produktionsfunktion: Die Inputfaktoren sind (bis zu einem gewissen Grad) gegeneinander austauschbar. Ein bestimmter Output lässt sich mit
verschiedenen Kombinationen der Inputfaktoren herstellen.

Aufgabe 3-14: Produktionsfunktion (2)
Skizzieren Sie die Isoquanten einer limitationalen und einer substituierbaren
Produktionsfunktion. In beiden Fällen werden die beiden Produktionsfaktoren v_1
und v_2 eingesetzt.

Lösung

Limitationale Produktionsfunktion: Substituierbare Produktionsfunktion:

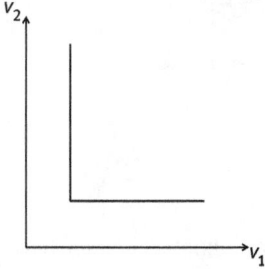

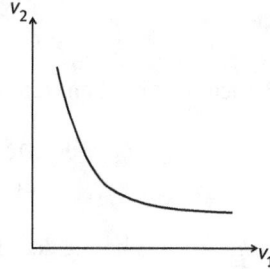

Aufgabe 3-15: Produktionsfunktion (3)

Erläutern Sie die Charakteristika der Produktionsfunktion $x = f(v_1, v_2)$ aufgrund der folgenden Hypothesen: $x_{v1}, x_{v2}, x_{v1v2}, x_{v2v1} > 0 > x_{v1v1}, x_{v2v2}$. Dabei sei x die jeweils produzierte Menge, v_1 die eingesetzte Menge des Produktionsfaktors Arbeit und v_2 die eingesetzte Menge des Produktionsfaktors Kapital.

Lösung

Die linke Seite der Hypothesen besagt, dass die partiellen ersten Ableitungen sowie die partiellen Kreuzableitungen positiv sind. Dies bedeutet, dass die partiellen Faktorerhöhungen bei beiden Faktoren zu einer Outputsteigerung führen und dass die Erhöhung des einen Faktoreinsatzes auch jeweils den marginalen Produktionsbeitrag einer Erhöhung des anderen Faktors steigert. Die rechte Seite der Hypothesen besagt, dass die partiellen zweiten Ableitungen negativ sind. Dies bedeutet, dass die Outputsteigerungen durch eine partielle Faktorerhöhung mit zunehmender Faktoreinsatzmenge immer geringer werden.

Aufgabe 3-16: Die Cobb-Douglas-Produktionsfunktion

Gegeben sei die neoklassische Produktionsfunktion $x = 6 \cdot v_1^{\frac{2}{3}} \cdot v_2^{\frac{1}{3}}$. Dabei sei x die jeweils produzierte Menge, v_1 die eingesetzte Menge des Produktionsfaktors Arbeit und v_2 die eingesetzte Menge des Produktionsfaktors Kapital.

a) Berechnen Sie die Grenzproduktivität des Produktionsfaktors Arbeit für einen Arbeitseinsatz in Höhe von 100 und einen Kapitaleinsatz in Höhe von 100.

b) Bestimmen Sie die Produktionselastizität des Produktionsfaktors Arbeit.

Lösung

a) Formale Berechnung der Grenzproduktivität des Produktionsfaktors Arbeit:[2]

$$\frac{\partial x}{\partial v_1} = 6 \cdot \frac{2}{3} \cdot v_1^{-\frac{1}{3}} \cdot v_2^{\frac{1}{2}} = 4 \cdot v_1^{-\frac{1}{3}} \cdot v_2^{\frac{1}{2}}$$

Berechnung des konkreten Wertes:

$$\frac{\partial x}{\partial v_1} = 4 \cdot 100^{-\frac{1}{3}} \cdot 100^{\frac{1}{3}} = 4 \cdot \frac{100^{\frac{1}{3}}}{100^{\frac{1}{3}}} = 4$$

b) Formale Berechnung der Produktionselastizität des Produktionsfaktors Arbeit:

$$\varepsilon(x, v_1) = \frac{\frac{\partial x}{x}}{\frac{\partial v_1}{v_1}} = \frac{\partial x}{\partial v_1} \cdot \frac{v_1}{x}$$

Berechnung des konkreten Wertes:

$$\varepsilon(x, v_1) = 4 \cdot v_1^{-\frac{1}{3}} \cdot v_2^{\frac{1}{2}} \cdot \frac{v_1}{6 \cdot v_1^{\frac{2}{3}} \cdot v_2^{\frac{1}{3}}} = \frac{4}{6} \cdot \frac{v_1^{\frac{2}{3}} \cdot v_2^{\frac{1}{3}}}{v_1^{\frac{2}{3}} \cdot v_2^{\frac{1}{3}}} = \frac{2}{3}$$

Hinweis: Die Produktionselastizitäten entsprechen bei einer Cobb-Douglas-Produktionsfunktion immer den jeweiligen Exponenten der Produktionsfaktoren.

Aufgabe 3-17: Grenz- und Durchschnittsproduktivität

Gegeben sei die neoklassische Produktionsfunktion $x = 5 \cdot \frac{3}{5} \cdot v_1^{\frac{2}{5}} \cdot v_2^{-\frac{3}{5}}$. Dabei sei x die jeweils produzierte Menge, v_1 die eingesetzte Menge des Produktionsfaktors Arbeit und v_2 die eingesetzte Menge des Produktionsfaktors Kapital.

a) Berechnen Sie die Grenzproduktivität des Produktionsfaktors Kapital für einen Arbeitseinsatz in Höhe von 32 und einen Kapitaleinsatz in Höhe von 32.

b) Berechnen Sie die Durchschnittsproduktivität des Produktionsfaktors Kapital für einen Arbeitseinsatz in Höhe von 32 und einen Kapitaleinsatz in Höhe von 32.

---

2 Zur Schreibweise der Ableitungen: Werden bei Funktionen Veränderungen aller vorhandenen Variablen gleichzeitig berücksichtigt, so wird die Schreibweise $\frac{dy}{dx}$ verwendet. Dies ist in diesem Buch immer dann der Fall, wenn entweder Funktionen mit nur einer Variablen analysiert werden oder das totale Differential betrachtet wird. Soll hingegen nur die Veränderung einer von mehreren vorhandenen Variablen betrachtet werden, während alle anderen Variablen als konstant angenommen werden, wird eine partielle Ableitung gebildet und entsprechend die Notation $\frac{\partial y}{\partial x}$ gewählt.

Lösung

a) Formale Berechnung der Grenzproduktivität des Produktionsfaktors Kapital:

$$\frac{\partial x}{\partial v_2} = 5 \cdot \frac{3}{5} \cdot v_1^{\frac{2}{5}} \cdot v_2^{-\frac{2}{5}} = 3 \cdot v_1^{\frac{2}{5}} \cdot v_2^{-\frac{2}{5}}$$

Berechnung des konkreten Wertes:

$$\frac{\partial x}{\partial v_2} = 3 \cdot 32^{\frac{2}{5}} \cdot 32^{-\frac{2}{5}} = 3 \cdot \frac{32^{\frac{2}{5}}}{32^{\frac{2}{5}}} = 3$$

b) Formale Berechnung der Durchschnittsproduktivität des Produktionsfaktors Kapital:

$$\frac{x}{v_2} = \frac{5 \cdot v_1^{\frac{2}{5}} \cdot v_2^{\frac{3}{5}}}{v_2} = \frac{5 \cdot v_1^{\frac{2}{5}}}{v_2^{\frac{2}{5}}}$$

Berechnung des konkreten Wertes:

$$\frac{x}{v_2} = \frac{5 \cdot 32^{\frac{2}{5}}}{32^{\frac{2}{5}}} = 5$$

Aufgabe 3-18: Erlös, Kosten und Gewinn

Ein Unternehmen produziert ein Gut, das es am polypolistischen Markt zu einem Stückpreis (p) in Höhe von 50 Euro verkaufen kann. Für die Produktion fallen neben fixen Kosten (K_{fix}) in Höhe von 1000 Euro Stückkosten (k_{var}) in Höhe von 25 Euro an.

a) Berechnen Sie die variablen Kosten, die Gesamtkosten und die Durchschnittskosten für eine Produktion von 150 Stück.

b) Berechnen Sie den Erlös aus dem Verkauf von 300 Stück.

c) Wie groß muss die Produktionsmenge mindestens sein, damit die Produktion kostendeckend erfolgt?

Lösung

a) Berechnung der variablen Kosten für 150 Stück:

$$K_{\text{var}} = k_{\text{var}} \cdot x = 25 \cdot 150 = 3750$$

Berechnung der Gesamtkosten für 150 Stück:

$$GK = K_{\text{var}} + K_{\text{fix}} = 3750 + 1000 = 4750$$

Berechnung der Durchschnittskosten für 150 Stück:

$$DK = \frac{GK}{x} = \frac{4750}{150} = 31,67$$

b) Berechnung des Erlöses für 300 Stück:

$$E = p \cdot x = 50 \cdot 300 = 15000$$

c) Die Produktion erfolgt kostendeckend, wenn der Erlös gerade ausreicht, um alle anfallenden Kosten zu bezahlen:

$$E = GK$$

$$p \cdot x = k_{var} \cdot x + K_{fix}$$

$$50 \cdot x = 25 \cdot x + 1000$$

$$25 \cdot x = 1000$$

$$x = 40$$

Aufgabe 3-19: Durchschnittskosten

Gegeben sei die Kostenfunktion $GK = \frac{1}{10} \cdot x^3 + 3x + 25$ (mit $x \geq 0$.) Bestimmen Sie denjenigen Output, für den die Durchschnittskosten minimal sind.

Lösung

Bestimmung der Durchschnittskosten:

$$DK = \frac{GK}{x} = \frac{\frac{1}{10} \cdot x^3 + 3 \cdot x + 25}{x} = \frac{1}{10} \cdot x^2 + 3 + 25 \cdot x^{-1}$$

Berechnung der Grenzdurchschnittskosten (Bildung der ersten Ableitung):

$$\frac{dDK}{dx} = \frac{1}{5} \cdot x - 25 \cdot x^{-2}$$

Berechnung des Outputs, für den die Durchschnittskosten minimal sind:

$$\frac{dDK}{dx} = 0$$

$$\frac{1}{5} \cdot x^* - \frac{25}{x^{*2}} = 0$$

$$\frac{1}{5} \cdot x^* = \frac{25}{x^{*2}}$$

$$x^{*\,3} = 125$$

$$x^* = 5$$

Lernhilfe 1: Gewinnmaximierung im Polypol

Die Berechnung der gewinnmaximierenden Outputmenge eines Unternehmens gehört zu den „klassischen" Aufgaben der Mikroökonomik. Aus diesem Grund empfiehlt es sich, sich das hierfür erforderliche Vorgehen besonders gründlich einzuprägen:

1. Bestimmung des Erlöses: $E = p \cdot x$
2. Bestimmung der Gesamtkosten unter Berücksichtigung von variablen Kosten und Fixkosten: $GK = K_{var} + K_{fix}$
3. Aufstellen der Gewinnfunktion (der geübte Ökonom kann auch mit diesem Schritt beginnen): $Q = E - GK = p \cdot x - K_{var} - K_{fix}$
4. Berechnung des Grenzgewinns (Bildung der ersten Ableitung): $\frac{dQ}{dx}$
5. Berechnung der optimalen Ausbringungsmenge durch Nullsetzen der ersten Ableitung: $\frac{dQ}{dx} = 0$
6. Berechnung des Gewinnmaximums durch Einsetzen der optimalen Ausbringungsmenge in die Gewinnfunktion (siehe 3.): $Q^* = p \cdot x^* - K_{var} - K_{fix}$

Aufgabe 3-20: Gewinnmaximierung im Polypol (1)

Ein Unternehmen hat folgende Kostenstruktur: Die Produktion verursacht insgesamt fixe Kosten (K_{fix}) in Höhe von 10000 Euro, zusätzlich fallen variable Kosten gemäß der Funktion $K_{var} = \frac{1}{8} \cdot x^2 - 200 \cdot x$ an. x sei dabei die jeweils produzierte Menge. Auf dem Markt können die erzeugten Produkte zu einem Preis (p) von 400 Euro pro Stück verkauft werden. Dieser Preis wird von allen Marktteilnehmern als Datum angesehen. Berechnen Sie die für das Unternehmen optimale Ausbringungsmenge und den dazugehörigen Gewinn.

Lösung

Allgemeine Form der Gewinnfunktion:

$$Q = p \cdot x - K_{var} - K_{fix}$$

Einsetzen der konkreten Werte:

$$Q = 400 \cdot x - \frac{1}{8} \cdot x^2 - 200 \cdot x - 10000$$

Berechnung des Grenzgewinns (Bildung der ersten Ableitung):

$$\frac{dQ}{dx} = 400 - \frac{1}{4} \cdot x - 200 = 200 - \frac{1}{4} \cdot x$$

Berechnung der optimalen Ausbringungsmenge:

$$\frac{dQ}{dx} = 0$$

$$200 - \frac{1}{4} \cdot x^* = 0$$

$$200 = \frac{1}{4} \cdot x^*$$

$$x^* = 800$$

Berechnung des Gewinnmaximums:

$$Q^* = p \cdot x^* - K_{var} - K_{fix}$$

$$Q^* = 400 \cdot 800 - \frac{1}{8} \cdot 800^2 - 200 \cdot 800 - 10000$$

$$Q^* = 320000 - 80000 - 160000 - 10000 = 70000$$

Aufgabe 3-21: Gewinnmaximierung im Polypol (2)

Ein Unternehmen hat folgende Kostenstruktur: Die Produktion verursacht insgesamt fixe Kosten (K_{fix}) in Höhe von 25000 Euro, zusätzlich fallen variable Kosten gemäß der Funktion $K_{var} = \frac{1}{5} \cdot x^2 + 100 \cdot x$ an. x sei dabei die jeweils produzierte Menge. Auf dem Markt können die erzeugten Produkte zu einem Preis (p) von 500 Euro pro Stück verkauft werden. Dieser Preis wird von allen Marktteilnehmern als Datum angesehen. Berechnen Sie die für das Unternehmen optimale Ausbringungsmenge und den dazugehörigen Gewinn.

Lösung

Allgemeine Form der Gewinnfunktion:

$$Q = p \cdot x - K_{var} - K_{fix}$$

Einsetzen der konkreten Werte:

$$Q = 500 \cdot x - \frac{1}{5} \cdot x^2 - 100 \cdot x - 25000$$

Berechnung des Grenzgewinns (Bildung der ersten Ableitung):

$$\frac{dQ}{dx} = 500 - \frac{2}{5} \cdot x - 100 = 400 - \frac{2}{5} \cdot x$$

Berechnung der optimalen Ausbringungsmenge:

$$\frac{dQ}{dx} = 0$$

$$400 - \frac{2}{5} \cdot x^* = 0$$

$$400 = \frac{2}{5} \cdot x^*$$

$$x^* = 1000$$

Berechnung des Gewinnmaximums:

$$Q^* = p \cdot x^* - K_{\text{var}} - K_{\text{fix}}$$

$$Q^* = 500 \cdot 1000 - \frac{1}{5} \cdot 1000^2 - 100 \cdot 1000 - 25000$$

$$Q^* = 500000 - 200000 - 100000 - 25000 = 175000$$

Aufgabe 3-22: Gewinnmaximierung im Polypol (3)

Ein Unternehmen produziert ein Gut auf Basis der Produktionsfunktion

$$x = v_1^{\frac{1}{2}} \cdot v_2^{\frac{1}{2}}.$$

Dabei sei x die jeweils produzierte Menge, v_1 die eingesetzte Menge des Produktionsfaktors Arbeit und v_2 die eingesetzte Menge des Produktionsfaktors Kapital. Der Kapitaleinsatz liegt konstant bei $\bar{v}_2 = 100$. Die Kosten des Unternehmens sind durch folgende Daten gegeben: Lohnsatz $\bar{w} = 2$ und Zinssatz $\bar{i} = 0{,}05$. Das Unternehmen kann das Gut am Markt für einen Produktpreis in Höhe von $p = 20$ verkaufen. Berechnen Sie die gewinnmaximale Produktionsmenge.

Lösung

Allgemeine Form der Gewinnfunktion:

$$Q = E - GK = p \cdot x - \bar{w} \cdot v_1 - \bar{i} \cdot \overline{v_2}$$

Auflösen der Produktionsfunktion nach v_1:

$$x = v_1^{\frac{1}{2}} \cdot v_2^{\frac{1}{2}} = v_1^{\frac{1}{2}} \cdot 100^{\frac{1}{2}} = v_1^{\frac{1}{2}} \cdot 10$$

$$v_1^{\frac{1}{2}} = \frac{x}{10}$$

$$v_1 = \frac{x^2}{100}$$

Einsetzen der Werte in die Gewinnfunktion:

$$Q = 20 \cdot x - 2 \cdot \frac{x^2}{100} - 0,05 \cdot 100$$

$$Q = 20 \cdot x - \frac{x^2}{50} - 5$$

Berechnung des Grenzgewinns (Bildung der ersten Ableitung):

$$\frac{dQ}{dx} = 20 - \frac{x}{25}$$

Berechnung der gewinnmaximalen Outputmenge:

$$\frac{dQ}{dx} = 0 \rightarrow 20 - \frac{x^*}{25} = 0 \rightarrow 20 = \frac{x^*}{25} \rightarrow x^* = 500$$

Aufgabe 3-23: Gewinnmaximierung im Polypol (4)

Ein gewinnmaximierendes Unternehmen, welches sein Produkt auf einem polypolistischen Markt anbietet, stellt fest, dass die Grenzproduktivität eines der beiden eingesetzten Produktionsfaktoren den Faktorpreis übersteigt. Der Produktion liegt dabei eine substituierbare Produktionsfunktion zugrunde. Wie sollte das Unternehmen sich verhalten? Begründen Sie Ihre Antwort.

Lösung

Das Unternehmen sollte den Einsatz dieses Produktionsfaktors erhöhen. Solange der Einsatz einer zusätzlichen Einheit des betrachteten Produktionsfaktors einen zusätzlichen Beitrag zur Produktion leistet (Grenzproduktivität), der größer ist als die durch den Einsatz entstehenden zusätzlichen Kosten (Grenzkosten, hier Faktorpreis der zusätzlichen Einheit), ist es für das Unternehmen im Sinne der Gewinnmaximierung richtig, diesen Einsatz vorzunehmen.

Aufgabe 3-24: Produktionsprozesse
Wann ist die Produktion eines Unternehmens profitabel?

Lösung
Bei der Beantwortung dieser Frage muss zunächst der zu betrachtende Zeitraum festgelegt werden. Für die lange Frist gilt: Die Produktion eines Unternehmens ist dann profitabel, wenn der Erlös aus dem Verkauf der produzierten Güter größer als die dabei entstehenden Gesamtkosten ist. Für die kurze Frist gilt hingegen: Jede Produktion, bei der mindestens die variablen Kosten aus den Erlösen gedeckt werden können, ist lohnenswert. Der Grund hierfür liegt in der Natur der Fixkosten. Diese können kurzfristig nicht geändert werden und fallen somit kurzfristig „ohnehin" an. Daher ist es sinnvoll, auch dann zu produzieren, wenn mit dem Erlös nur die variablen Kosten (und eventuell ein Teil der Fixkosten) gedeckt werden können. Eine Einstellung der Produktion würde das Unternehmen hier nicht besser stellen.

Aufgabe 3-25: Skalenerträge
In einer Fabrik wird heute doppelt so viel Kapital und Arbeit eingesetzt wie gestern. Bei welchem Output kann man in dieser Situation von steigenden Skalenerträgen sprechen?

Lösung
In der beschriebenen Situation spricht man genau dann von steigenden Skalenerträgen, wenn sich der Output der Fabrik mehr als verdoppelt. Würde sich der Output genau wie der Einsatz der Inputfaktoren genau verdoppeln, entspricht dies konstanten Skalenerträgen. Wenn sich der Output nicht verdoppelt, sondern nur einen geringeren Zuwachs aufweist, konstant bleibt oder sogar zurückgeht, spricht man von fallenden Skalenerträgen.

3.2.2 Kompakttraining zu Kapitel 3.2

Sind die folgenden Aussagen richtig oder falsch?
a) Bei einer substituierbaren Produktionsfunktion mit zwei Produktionsfaktoren führt die Erhöhung der Einsatzmenge eines der beiden Produktionsfaktoren ceteris paribus zu einer Erhöhung der Outputmenge.
b) Unter einer partiellen Faktorerhöhung versteht man eine nur zeitweilige Erhöhung der Einsatzmengen aller Produktionsfaktoren.

c) Ein Unternehmen, welches seine Produkte auf dem polypolistischen Markt anbietet, maximiert seinen Gewinn, wenn es seine Produktionsmenge so wählt, dass der Preis den Grenzkosten entspricht.

d) Limitationale Produktionsfunktionen beschreiben nur den Produktionsprozess von Gütern minderer Qualität.

e) Die Cobb-Douglas-Produktionsfunktion ist eine limitationale Produktionsfunktion.

f) Wenn bei einer Produktionsfunktion mit zwei Produktionsfaktoren die Einsatzmengen beider Produktionsfaktoren um jeweils 10 Prozent erhöht werden und das Produktionsergebnis daraufhin um 20 Prozent steigt, spricht man von steigenden Skalenerträgen.

g) Steigende Skalenerträge treten in Verbindung mit Größenvorteilen auf.

h) Die Produktionselastizität gibt an, um wie viel Prozent der Output steigt, wenn der Einsatz eines Produktionsfaktors um ein Prozent zunimmt.

i) Bestehen für einen bestimmten Kapitalbetrag mehrere Verwendungsmöglichkeiten, so entstehen bei jeder Form der Verwendung Opportunitätskosten.

j) Ein Unternehmen, welches seine Produkte auf dem polypolistischen Markt anbietet, maximiert seinen Gewinn, wenn es seine Produktionsmenge so wählt, dass der Grenzerlös den Durchschnittskosten entspricht.

Lösung

a) Richtig.

b) Falsch. *Hinweis: Eine partielle Faktorerhöhung bedeutet, dass die Einsatzmenge nur eines Produktionsfaktors erhöht wird, während die übrigen Produktionsfaktoren unverändert mit ihren bisherigen Einsatzmengen in die Produktion eingehen.*

c) Richtig.

d) Falsch. *Hinweis: Die Beschränkung (Limitation) bezieht sich nicht auf die Qualität der Güter, sondern auf die Produktionsmöglichkeiten bzw. die begrenzten Kombinationsmöglichkeiten der eingesetzten Produktionsfaktoren.*

e) Falsch. *Hinweis: Die Cobb-Douglas-Produktionsfunktion ist eine substituierbare Produktionsfunktion. Die eingesetzten Produktionsfaktoren können bis zu einem gewissen Maße gegeneinander ausgetauscht werden.*

f) Richtig.

g) Richtig.

h) Richtig.

i) Richtig.

j) Falsch. *Hinweis: Die Gewinnmaximierungsregel für einen Anbieter am polypolistischen Markt lautet „Preis = Grenzkosten". Während der Preis als Datum dabei dem Grenzerlös entspricht, unterscheiden sich Grenzkosten und Durchschnittskosten bedeutend. Während die Grenzkosten die zusätzlichen (varia-*

blen) Kosten sind, die durch die Produktion einer weiteren Gütereinheit entstehen, lassen sich die Durchschnittskosten als Quotient von Gesamtkosten und Gesamtoutput bestimmen. Solange der Preis mindestens die Grenzkosten deckt, ist Produktion – zumindest kurzfristig – als sinnvoll zu betrachten.

3.3 Preisbildung auf Gütermärkten (Marktformen)

In diesem Kapitel werden nun die in den vorangegangenen Abschnitten erarbeiteten Aspekte (Nachfrage der Haushalte und Angebot der Unternehmen) zusammengeführt, die gemeinsam die Festlegung markträumender Preise auf Gütermärkten ermöglichen. Zunächst geht es darum, die Konsumpläne der einzelnen Haushalte zur Gesamtnachfrage und die Produktionspläne der einzelnen Unternehmen zum Gesamtangebot zusammenzufassen, also zu aggregieren. Anschließend werden diese aggregierten Größen einander gegenübergestellt und dabei verschiedene Machtpositionen der Anbieter und Nachfrager analysiert. Auch staatliche Preiskontrollen werden thematisiert. Sie lernen in diesem Kapitel erste wirtschaftspolitische Themen wie die politisch motivierte Preissetzung und den Umgang mit Kartellen kennen.

Schlüsselbegriffe: Aggregation, Marktgleichgewicht, organisierter Markt, nicht organisierter Markt, Preiskontrollen, Mindestpreise, Höchstpreise, vollkommene Konkurrenz (Polypol), Monopol, Monopson, Oligopol, Cournot'scher Punkt, Kartell, Kollusion

3.3.1 Aufgaben und Lösungen zu Kapitel 3.3

Aufgabe 3-26: Aggregation des Angebots
Drei Unternehmen A, B und C verhalten sich auf einem Markt als Mengenanpasser und bieten jeweils Gut x zum Preis p an. Ihre individuellen Angebotsfunktionen lauten

$$x_A = p - 2$$
$$x_B = 2 \cdot p - 5 \quad \text{mit} \quad x_A, x_B, x_C, p \geq 0$$
$$x_C = p - 3$$

a) Wie groß ist die von Unternehmen A zu einem Preis von $p = 5$ angebotene Menge?

b) Zu welchem Preis bietet Unternehmen B genau die Menge $x_B = 6$ an?

c) Wie groß ist die von allen Unternehmen gemeinsam angebotene Gesamtmenge X bei einem Preis von $p = 4$?

Lösung

a) Zu einem Preis von $p = 5$ bietet Unternehmen A die folgende Menge an:

$$x_A(5) = 5 - 2 = 3$$

b) Das Unternehmen bietet die Menge $x_B = 6$ genau dann an, wenn gilt:

$$6 = 2 \cdot p - 5$$

Auflösen nach p:

$$2 \cdot p = 11$$

$$p = \frac{11}{2} = 5{,}5$$

c) Zu einem Preis von $p = 4$ bieten die einzelnen Unternehmen folgende Mengen an:

$$x_A(4) = 4 - 2 = 2$$

$$x_B(4) = 2 \cdot 4 - 5 = 3$$

$$x_C(4) = 4 - 3 = 1$$

Dies ergibt folgende insgesamt angebotene Menge:

$$X = x_A + x_B + x_C$$

$$X(4) = 2 + 3 + 1 = 6$$

Aufgabe 3-27: Aggregation der Nachfrage

Gegeben seien die folgenden individuellen Nachfragefunktionen der Konsumenten A, B und C:

$$x_A = 20 - 2 \cdot p$$

$$x_B = 16 - 4 \cdot p \quad mit \quad x_A, x_B, x_C, p \geq 0$$

$$x_C = 6 - p$$

Berechnen Sie die aggregierte Marktnachfragefunktion $X(p)$.

Lösung

Berechnung des Bereiches, in dem die individuelle Nachfrage von Konsument A wirksam wird:

$$x_A \geq 0$$

$$20 - 2 \cdot p \geq 0$$

$$20 \geq 2 \cdot p$$

$$10 \geq p$$

Berechnung des Bereiches, in dem die individuelle Nachfrage von Konsument B wirksam wird:

$$x_B \geq 0$$

$$16 - 4 \cdot p \geq 0$$

$$16 \geq 4 \cdot p$$

$$4 \geq p$$

Berechnung des Bereiches, in dem die individuelle Nachfrage von Konsument C wirksam wird:

$$x_C \geq 0$$

$$6 - p \geq 0$$

$$6 \geq p$$

Berechnung der Nachfrage für den Bereich $p > 10$:

Keiner der Konsumenten fragt das Gut zu einem so hohen Preis nach, daher gilt hier für die Nachfrage

$$X(p) = 0.$$

Berechnung der Nachfrage für den Bereich $10 \geq p > 6$:

In diesem Preisbereich fragt nur Konsument A das Gut nach, daher ist hier die Gesamtnachfrage mit der individuellen Nachfrage von A identisch, es gilt:

$$X(p) = x_A(p) = 20 - 2 \cdot p$$

Berechnung der Nachfrage für den Bereich $6 \geq p > 4$:

In diesem Preisbereich fragen Konsument A und Konsument C das Gut nach, ihre individuellen Nachfragen müssen aggregiert werden. Für die Nachfrage gilt somit:

$$X(p) = x_A(p) + x_C(p) = 20 - 2 \cdot p + 6 - p = 26 - 3 \cdot p$$

Berechnung der Nachfrage für den Bereich $4 \geq p \geq 0$:

In diesem Bereich fragen alle Konsumenten das Gut nach, es müssen daher alle individuellen Nachfragen aggregiert werden. Für die Gesamtnachfrage gilt hier also:

$$X(p) = x_A(p) + x_B(p) + x_C(p)$$

$$X(p) = 20 - 2 \cdot p + 16 - 4 \cdot p + 6 - p = 42 - 7 \cdot p$$

Zusammenfassend lässt sich die Gesamtnachfrage folgendermaßen schreiben:

$$X(p) = \begin{cases} 0 & \text{falls} \quad p > 10 \\ 20 - 2 \cdot p & \text{falls} \quad 10 \geq p > 6 \\ 26 - 3 \cdot p & \text{falls} \quad 6 \geq p > 4 \\ 42 - 7 \cdot p & \text{falls} \quad 4 \geq p \geq 0 \end{cases}$$

Aufgabe 3-28: Vollkommene Konkurrenz

Welche der folgenden Eigenschaften treffen auf die Marktform der vollkommenen Konkurrenz zu?

a) Es gibt viele Anbieter und genau einen Nachfrager.
b) Die Güter sind sachlich gleichartig, nicht aber die persönlichen Präferenzen.
c) Nur die Anbieter sind über alle relevanten Entscheidungstatbestände informiert.
d) Die Akteure nehmen die handelbaren Mengen als gegeben hin und setzen ihre Preise individuell.
e) Es gibt viele kleine in sich abgeschlossene Teilmärkte mit je einem Anbieter.
f) Es gibt zeitliche Differenzierungen.
g) Es herrscht freier Marktzugang und Marktaustritt.

Lösung

a) Falsch. *Hinweis: Dies wäre die Marktform des Monopsons, bei vollkommener Konkurrenz gibt es viele Anbieter und viele Nachfrager.*
b) Falsch. *Hinweis: Bei vollkommener Konkurrenz gibt es keine unterschiedlichen persönlichen Präferenzen.*
c) Falsch. *Hinweis: Vollständige Informationen stehen allen Marktteilnehmern zur Verfügung.*
d) Falsch. *Hinweis: Die Akteure handeln als Preisnehmer und Mengenanpasser.*
e) Falsch. *Hinweis: Alle Akteure treffen auf einem Markt aufeinander.*
f) Falsch. *Hinweis: Zeitliche Unterschiede liegen ebenso wie räumliche Entfernungen nicht vor.*
g) Richtig.

Aufgabe 3-29: Marktgleichgewicht (1)

Auf einem Markt lassen sich Angebot (x^s) und Nachfrage (x^d) durch folgende Funktionen des Preises (p) beschreiben:

$$x^s(p) = 1 + 2 \cdot p \quad \text{und} \quad x^d(p) = 7 - p \quad \text{mit} \quad x^s, x^d, p \geq 0$$

Bestimmen Sie den Gleichgewichtspreis und die Gleichgewichtsmenge.

Lösung

Gleichsetzen von Angebot und Nachfrage:

$$x^s(p) = x^d(p)$$
$$1 + 2 \cdot p^* = 7 - p^*$$

Auflösen nach p^*:

$$3 \cdot p^* = 6$$
$$p^* = 2$$

Einsetzen von p^* in eine der beiden Funktionen:

$$x^*(p^*) = 1 + 2 \cdot 2 = 5$$

Hinweis: Sie können den ermittelten Gleichgewichtspreis in die Angebotsfunktion oder in die Nachfragefunktion einsetzen, um die Gleichgewichtsmenge zu ermitteln. Ein Einsetzen in beide Funktionen ermöglicht zudem ein Überprüfen der Ergebnisse, selbstverständlich muss das Ergebnis gleich sein.

Aufgabe 3-30: Überschussangebot und Überschussnachfrage

Zu einem Preis von 10 Euro werden auf einem Markt 50 CDs angeboten. Die Nachfrage beträgt bei diesem Preis jedoch nur 40 CDs.

a) Wie groß ist die am Markt gehandelte Menge zu diesem Preis?
b) Liegt der Gleichgewichtspreis über oder unter dem aktuellen Marktpreis?

Lösung

a) Zu einem Preis von 10 Euro werden am Markt 40 CDs verkauft. Es besteht weiterhin ein Überschussangebot in Höhe von 10 CDs. Diese CDs finden keinen Käufer.
b) Der Gleichgewichtspreis liegt unter dem aktuellen Marktpreis. Sinkt der Marktpreis, geht das Angebot zurück, die Nachfrage hingegen steigt. Dies führt zu einem Marktgleichgewicht, bei dem Angebot und Nachfrage übereinstimmen.

Aufgabe 3-31: Organisierter Wertpapiermarkt (1)

An einem organisierten Wertpapiermarkt erhält der Makler folgende Aufträge:

Kaufaufträge in Stück	Kurs in Euro	Verkaufsaufträge in Stück
2	10	2
1	20	1
1	30	1
1	40	2
2	50	1

Jeder Käufer ist selbstverständlich auch bereit, zu einem niedrigeren als dem auf seinem Kaufauftrag angegebenen Kurs zu kaufen. Jeder Verkäufer würde selbstverständlich auch zu einem höheren als dem auf seinem Verkaufsauftrag angegebenen Kurs verkaufen.

a) Wie viele Kaufaufträge werden für einen Kurs von 20 Euro abgegeben?

b) Wie viele Verkaufsaufträge werden für einen Kurs von 40 Euro abgegeben?

c) Bestimmen Sie die aggregierten Mengen der Kauf- und Verkaufsaufträge für jeden Kurs.

d) Bestimmen Sie den Gleichgewichtskurs und die zu diesem Kurs auf dem Markt gehandelte Menge.

Lösung

a) Für einen Kurs von 20 Euro werden 5 Kaufaufträge angegeben. Zu diesem Kurs möchten all diejenigen potenziellen Käufer kaufen, die bereit sind, mindestens 20 Euro für das angebotene Wertpapier zu zahlen, also diejenigen, die Kaufgebote für einen Kurs in Höhe von 50 Euro, 40 Euro, 30 Euro oder eben 20 Euro abgegeben haben.

b) Für einen Kurs von 40 Euro werden 6 Verkaufsaufträge abgegeben. Zu diesem Kurs möchten all diejenigen potenziellen Verkäufer verkaufen, die bereit sind, für höchstens 40 Euro das angebotene Wertpapier abzugeben, also diejenigen, die Verkaufsaufträge für einen Kurs in Höhe von 10 Euro, 20 Euro, 30 Euro oder eben 40 Euro abgegeben haben.

c)

Aggregierte Kaufaufträge in Stück	Kurs in Euro	Aggregierte Verkaufsaufträge in Stück
7	10	2
5	20	3
4	30	4
3	40	6
2	50	7

d) Der Gleichgewichtskurs beträgt 30 Euro. Zu diesem Kurs werden am Markt 4 Einheiten des Wertpapiers gehandelt. Alle zu diesem Kurs vorhandenen Kauf- und Verkaufsaufträge werden bedient, der Markt ist geräumt.

Aufgabe 3-32: Organisierter Wertpapiermarkt (2)

An einem organisierten Wertpapiermarkt erhält der Makler folgende Aufträge:

Kaufaufträge in Stück	Kurs in Euro	Verkaufsaufträge in Stück
80	10	50
60	20	60
55	30	90
60	40	30
30	50	70
35	60	30
20	70	10

Jeder Käufer ist selbstverständlich auch bereit, zu einem niedrigeren als dem auf seinem Kaufauftrag angegebenen Kurs zu kaufen. Jeder Verkäufer würde selbstverständlich auch zu einem höheren als dem auf seinem Verkaufsauftrag angegebenen Kurs verkaufen.

a) Bestimmen Sie die aggregierten Mengen der Kauf- und Verkaufsaufträge für jeden Kurs.

b) Bestimmen Sie den Gleichgewichtskurs und die zu diesem Kurs auf dem Markt gehandelte Menge.

Lösung

a)

Aggregierte Kaufaufträge in Stück	Kurs in Euro	Aggregierte Verkaufsaufträge in Stück
340	10	50
260	20	110
200	30	200
145	40	230
85	50	300
55	60	330
20	70	340

b) Der Gleichgewichtskurs beträgt 30 Euro. Zu diesem Kurs werden am Markt 200 Einheiten des Wertpapiers gehandelt. Alle zu diesem Kurs vorhandenen Kauf- und Verkaufsaufträge werden bedient, der Markt ist geräumt.

Aufgabe 3-33: Marktgleichgewicht (2)

Skizzieren Sie Angebots- und Nachfragekurve in einem Marktdiagramm. Markieren Sie das Marktgleichgewicht (x^{GG}, p^{GG}) und zeichnen Sie ein, in welchen Bereichen ein Überschussangebot bzw. eine Überschussnachfrage vorliegt.

Lösung

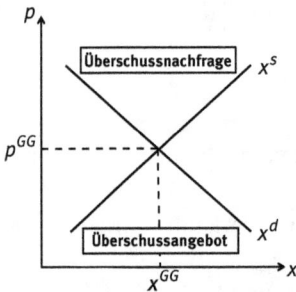

Aufgabe 3-34: Lageparameter der Angebotskurve

Nennen Sie drei Lageparameter der Angebotskurve.

Lösung

Lageparameter der Angebotskurve sind die Produktionstechnologie, die Preise der Produktionsfaktoren und die Zahl der Anbieter.

Aufgabe 3-35: Lageparameter der Nachfragekurve

Nennen Sie vier Lageparameter der Nachfragekurve.

Lösung

Lageparameter der Nachfragekurve sind die Präferenzstruktur der Nachfrager, das Einkommen der Nachfrager, die Zahl der Nachfrager und die Preise anderer Güter.

Aufgabe 3-36: Veränderung von Angebot und Nachfrage

Welche der folgenden Aussagen über die Kurvenveränderungen im Marktdiagramm eines Konkurrenzmarktes sind korrekt?

a) Wenn das Einkommen der Haushalte zunimmt, verlagert sich die Angebotskurve nach rechts.

b) Wenn das Einkommen der Haushalte abnimmt, verlagert sich die Nachfragekurve nach links.

c) Durch eine Preissenkung der Konkurrenzprodukte verschiebt sich die Angebotskurve nach links.

d) Ein Produktionsengpass bei dem betrachteten Gut führt zu einer Verschiebung der Angebotskurve nach links.

e) Eine Erhöhung der Präferenzen für das betrachtete Gut führt zu einer Verschiebung der Nachfragekurve nach rechts.

Lösung

a) Falsch. *Hinweis: Eine Einkommenserhöhung betrifft in diesem einfachen Modell nur das Nachfrageverhalten, nicht das Angebot.*

b) Richtig.

c) Falsch. *Hinweis: Das Verhalten der Konkurrenz ermöglicht keine Preiserhöhung bei dem hier betrachteten Gut.*

d) Richtig.

e) Richtig.

Aufgabe 3-37: Preiskontrollen (1)

Auf einem Markt lassen sich das Angebot und die Nachfrage nach Milch durch folgende Funktionen des Preises beschreiben:

$$x^s(p) = 100 + 300 \cdot p \quad \text{und} \quad x^d(p) = 700 - 300 \cdot p \quad \text{mit} \quad x^s, x^d, p \geq 0.$$

Dabei stehen x^s für das Milchangebot, x^d für die Milchnachfrage und p für den jeweiligen Milchpreis.

a) Berechnen Sie den Gleichgewichtspreis und die Gleichgewichtsmenge.

b) Der Staat entschließt sich, aus politischen Gründen einen Milchpreis in Höhe von 0,80 Euro festzulegen. Erläutern Sie, welche Folgen dieser Milchpreis für das Angebot und die Nachfrage nach Milch hat.

Lösung

a) Gleichsetzen von Angebot und Nachfrage:

$$x^s(p) = x^d(p)$$
$$100 + 300 \cdot p^* = 700 - 300 \cdot p^*$$

Auflösen nach p^*:

$$600 \cdot p^* = 600$$
$$p^* = 1$$

Einsetzen von p^* in die Angebotsfunktion:

$$x^*(p^*) = 100 + 300 \cdot 1 = 400$$

a) Der staatliche Milchpreis ist ein wirksamer Höchstpreis, da er unter dem Gleichgewichtspreis liegt. Zu diesem staatlich festgelegten Preis reduziert sich das Milchangebot auf 340 Mengeneinheiten ($x^s(\bar{p}) = 100 + 300 \cdot 0,80 = 340$), die Nachfrage erhöht sich zu diesem Preis jedoch auf 460 Mengeneinheiten (x^d $(\bar{p}) = 700 - 300 \cdot 0,8 = 460$). Es entsteht eine Überschussnachfrage, welche unter Umständen Rationierungsmaßnahmen durch den Staat erforderlich macht.

Aufgabe 3-38: Preiskontrollen (2)

Durch Preiskontrollen kann der Staat als Außenstehender das Gleichgewicht für ein Gut beeinflussen. Welche der folgenden Aussagen über die Auswirkungen staatlicher Preiskontrollen sind korrekt?

a) Ein staatlich festgelegter Höchstpreis ist wirksam, wenn der Gleichgewichtspreis ohne staatliche Eingriffe über diesem Preis liegt.

b) Ein staatlich festgelegter Mindestpreis beeinflusst nicht die Menge, die auf dem Markt angeboten wird.

c) Ein staatlich festgelegter Mindestpreis kann zu einem Überangebot führen.

d) Ein staatlich festgelegter Höchstpreis kann zu einer Überschussnachfrage führen.

Lösung

a) Richtig. *Hinweis: Der Höchstpreis unterbindet ein weiteres Ansteigen des Marktpreises bzw. das Wirksamwerden jedes über ihm liegenden Preises.*

b) Falsch. *Hinweis: Ein wirksamer Mindestpreis, also ein Mindestpreis, der über dem sich am Markt selbst einstellenden Preis liegt, bietet einen Anreiz für eine zusätzliche Produktion der Unternehmen.*

c) Richtig. *Hinweis: siehe b).*

d) Richtig. *Hinweis: Da ein wirksamer Höchstpreis dafür sorgt, dass der Preis für ein Gut „künstlich niedrig gehalten wird", bietet sich ein Anreiz für eine zusätzliche Nachfrage nach diesem Gut, gleichzeitig wird das Angebot durch diese „Preisbremse" reduziert. Dies kann insgesamt zu einer Überschussnachfrage führen.*

Aufgabe 3-39: Marktformen (1)

Ergänzen Sie in der folgenden Abbildung die entsprechenden Marktformen:

Anbieter	Nachfrager		
	Viele	Wenige	Einer
Viele			
Wenige			
Einer			

Lösung

Anbieter	Nachfrager		
	Viele	Wenige	Einer
Viele	Vollkommene Konkurrenz (Polypol)	Angebotsoligopol	Monopol
Wenige	Nachfrageoligopol	Bilaterales Oligopol	Beschränktes Angebotsmonopol
Einer	Monopson	Beschränktes Nachfragemonopol	Bilaterales Monopol

Aufgabe 3-40: Marktformen (2)

Ordnen Sie den folgenden Situationen jeweils die Marktform zu, die die Machtverhältnisse auf dem Markt am besten widerspiegelt:

a) Ein Pharmakonzern bietet als einziges Unternehmen ein Krebsmedikament an, das sehr viele Patienten benötigen.

b) Spezielle Schulmöbel, die nur von wenigen Schulen nachgefragt werden, werden nur von einer Tischlerei angeboten.

c) Milch wird von vielen Bauern produziert und von vielen Konsumenten getrunken.

d) Ein Automobilhersteller ist der einzige Abnehmer eines bestimmten Motortyps, der von einer geringen Zahl von Zulieferern angeboten wird.

Lösung

a) Monopol. *Hinweis: Es treten nur ein Anbieter, aber sehr viele Nachfrager auf dem Markt in Erscheinung.*

b) Beschränktes Angebotsmonopol. *Hinweis: Die Marktmacht des Anbieters wird dadurch eingeschränkt, dass ihm nicht unendlich viele Nachfrager gegenüberstehen.*

c) Vollkommene Konkurrenz bzw. Polypol. *Hinweis: Auf dem Markt befinden sich sehr viele Anbieter und Nachfrager, alle handeln als Preisnehmer.*

d) Beschränktes Nachfragemonopol. *Hinweis: Die Marktmacht des Nachfragers wird dadurch eingeschränkt, dass ihm nicht unendlich viele Anbieter gegenüberstehen.*

Aufgabe 3-41: Monopol (1)

Welche der folgenden Beschreibungen sind zutreffend für eine Monopolsituation?

a) Ein Monopolist nimmt den Marktpreis als gegeben an.

b) Der Monopolist maximiert seinen Gewinn nach dem Kriterium Grenzumsatz gleich Durchschnittskosten.

c) Der gewinnmaximale Preis ergibt sich durch Einsetzen der gewinnmaximalen Produktionsmenge in die Preis-Absatz-Funktion.

d) Der Monopolist maximiert seinen Gewinn, wenn die Grenzkosten gleich dem Grenzerlös sind.

Lösung

a) Falsch. *Hinweis: Dies gilt für den Anbieter im Polypol, der bei einer individuellen höheren Preissetzung seine Nachfrager an die Konkurrenz verlieren würde.*

b) Falsch. *Hinweis: Insbesondere die Durchschnittskosten sind kein angemessenes Entscheidungskriterium, da sie keine Auskunft über die Veränderung der Kosten bei einer Erhöhung/Senkung der Angebotsmenge geben.*

c) Richtig.

d) Richtig.

Lernhilfe 2: Gewinnmaximierung im Monopol

Auch die Berechnung der gewinnmaximierenden Outputmenge eines Unternehmens, welches auf einem Markt als Monopolist auftreten kann, gehört zu den „klassischen" Aufgaben der Mikroökonomik. Aus diesem Grund empfiehlt es sich, sich auch das hierfür erforderliche Vorgehen – und insbesondere die Unterschiede gegenüber der Gewinnmaximierung im Polypol – gründlich einzuprägen:

1. Bestimmung des Erlöses: $E = p \cdot x$
2. Bestimmung des Grenzerlöses: $\frac{\partial E}{\partial x}$
3. Bestimmung der Gesamtkosten unter Berücksichtigung von variablen Kosten und Fixkosten: $GK = K_{var} + K_{fix}$
4. Bestimmung der Grenzkosten: $\frac{dGK}{dx}$
5. Gleichsetzen von Grenzerlös und Grenzkosten: $\frac{\partial E}{\partial x} = \frac{dGK}{dx}$
6. Berechnung der optimalen Ausbringungsmenge: x_{MON}^*
7. Berechnung des Monopolpreises durch Einsetzen der optimalen Ausbringungsmenge in die Preis-Absatz-Funktion des Monopolisten: p_{MON}^*
8. Berechnung des Gewinnmaximums durch Einsetzen der optimalen Ausbringungsmenge und des Monopolpreises in die Gewinnfunktion: $Q_{MON}^* = p_{MON}^* = x_{MON}^* - K_{var} - K_{fix}$

Aufgabe 3-42: Monopol (2)

Ein Monopolist sieht sich einer Nachfrage gegenüber, die sich durch die Preisabsatzfunktion $p = 710 - 25x$ beschreiben lässt, wobei x die Produktionsmenge und p den Preis des Produktes bezeichnen. Bei der Produktion entstehen ihm variable Stückkosten (k_{var}) in Höhe von jeweils 10 Euro und Fixkosten (K_{fix}) in Höhe von insgesamt 300 Euro. Berechnen Sie den gewinnmaximalen Output, den gewinnmaximalen Preis und den entsprechenden Gewinn.

Lösung

Berechnung des Erlöses:

$$E = p \cdot x = (710 - 25 \cdot x) \cdot x = 710 \cdot x - 25 \cdot x^2$$

Berechnung des Grenzerlöses (Bildung der ersten Ableitung):

$$\frac{dE}{dx} = 710 - 50 \cdot x$$

Berechnung der Gesamtkosten:

$$GK = k_{var} \cdot x + K_{fix} = 10 \cdot x + 300$$

Berechnung der Grenzkosten (Bildung der ersten Ableitung):

$$\frac{dGK}{dx} = 10$$

Gleichsetzen von Grenzerlös und Grenzkosten:

$$\frac{dE}{dx} = \frac{dGK}{dx}$$

Berechnung des gewinnmaximalen Outputs:

$$710 - 50 \cdot x^*_{\text{MON}} = 10$$

$$50 \cdot x^*_{\text{MON}} = 700$$

$$x^*_{\text{MON}} = 14$$

Berechnung des gewinnmaximalen Preises (Einsetzen in die Preis-Absatz-Funktion):

$$p^*_{\text{MON}} = 710 - 25 \cdot x^*_{\text{MON}} = 710 - 25 \cdot 14 = 360$$

Allgemeine Gewinnfunktion:

$$Q = p \cdot x - k_{\text{var}} \cdot x - K_{\text{fix}}$$

Berechnung des Monopolgewinns:

$$Q^*_{\text{MON}} = p^*_{\text{MON}} \cdot x^*_{\text{MON}} - k_{\text{var}} \cdot x^*_{\text{MON}} - K_{\text{fix}}$$

$$Q^*_{\text{MON}} = 360 \cdot 14 - 10 \cdot 14 - 300 = 5040 - 140 - 300 = 4600$$

Aufgabe 3-43: Monopol (3)

Die Preisabsatzfunktion eines Monopolisten lautet $p(x) = 200 - 5 \cdot x$, wobei x die Produktionsmenge und p den Preis des Produktes bezeichnen. Die Produktionskosten des Monopolisten setzen sich aus fixen Kosten (K_{fix}) in Höhe von 20 und variablen Kosten gemäß der Kostenfunktion $K_{\text{var}} = 10 \cdot x^2 + 50 \cdot x$ zusammen. Berechnen Sie den Monopolpreis, die optimale Absatzmenge des Monopolisten und den dazugehörigen Gewinn.

Lösung

Berechnung des Erlöses:

$$E = p \cdot x = (200 - 5 \cdot x) \cdot x = 200 \cdot x - 5 \cdot x^2$$

Berechnung des Grenzerlöses (Bildung der ersten Ableitung):

$$\frac{dE}{dx} = 200 - 10 \cdot x$$

Berechnung der Gesamtkosten:

$$GK = K_{\text{var}} + K_{\text{fix}} = 10 \cdot x^2 + 50 \cdot x + 20$$

Berechnung der Grenzkosten (Bildung der ersten Ableitung):

$$\frac{dGK}{dx} = 20 \cdot x + 50$$

Gleichsetzen von Grenzerlös und Grenzkosten:

$$\frac{dE}{dx} = \frac{dGK}{dx}$$

Berechnung des gewinnmaximalen Outputs:

$$200 - 10 \cdot x^*_{\text{MON}} = 20 \cdot x^*_{\text{MON}} + 50$$

$$30 \cdot x^*_{\text{MON}} = 150$$

$$x^*_{\text{MON}} = 5$$

Berechnung des gewinnmaximalen Preises (Einsetzen in die Preis-Absatz-Funktion):

$$p^*_{\text{MON}} = 200 - 5 \cdot x^*_{\text{MON}} = 200 - 5 \cdot 5 = 175$$

Allgemeine Gewinnfunktion:

$$Q = p \cdot x - K_{\text{var}} - K_{\text{fix}}$$

Berechnung des Monopolgewinns:

$$Q^*_{\text{MON}} = p^*_{\text{MON}} \cdot x^*_{\text{MON}} - K_{\text{var}} - K_{\text{fix}}$$

$$Q^*_{\text{MON}} = 175 \cdot 5 - 10 \cdot 5^2 - 50 \cdot 5 - 20 = 875 - 250 - 250 - 20 = 355$$

Aufgabe 3-44: Vollkommene Konkurrenz und Monopol

Ein Unternehmen hat folgende Kostenstruktur: Die Produktion verursacht insgesamt fixe Kosten (K_{fix}) in Höhe von 100 Euro, zusätzlich fallen variable Kosten gemäß der Funktion $K_{\text{var}} = \frac{1}{2} \cdot x^2 + 5 \cdot x$ an. Auf dem polypolistischen Markt kann das erzeugte Produkt zu einem Stückpreis von $p = 36{,}67$ verkauft werden.

a) Berechnen Sie die für das Unternehmen optimale Angebotsmenge und den dazugehörigen Gewinn.

b) Nun ändert sich die Situation gegenüber a) dahingehend, dass das Unternehmen nun der alleinige Anbieter auf dem Markt ist, dessen Preisabsatzfunktion $p(x) = 100 - 2 \cdot x$ lautet, wobei x die Produktionsmenge und p den Preis des Produktes bezeichnen. Berechnen Sie die für das Unternehmen nun optimale Angebotsmenge sowie den optimalen Preis und den dazugehörigen Gewinn.

c) Interpretieren Sie die Ergebnisse aus a) und b).

Lösung

a) Allgemeine Form der Gewinnfunktion:

$$Q = p \cdot x - K_{var} - K_{fix}$$

Einsetzen der konkreten Werte:

$$Q = 36{,}67 \cdot x - \frac{1}{2} \cdot x^2 - 5 \cdot x - 100$$

Berechnung des Grenzgewinns (Bildung der ersten Ableitung):

$$\frac{dQ}{dx} = 36{,}67 - x - 5 = 31{,}67 - x$$

Berechnung der optimalen Ausbringungsmenge:

$$\frac{dQ}{dx} = 0$$

$$31{,}67 - x^* = 0$$

$$x^* = 31{,}67$$

Berechnung des Gewinnmaximums:

$$Q^* = p \cdot x^* - K_{var} - K_{fix}$$

$$Q^* = 36{,}67 \cdot 31{,}67 - \frac{1}{2} \cdot 31{,}67^2 - 5 \cdot 31{,}67 - 100$$

$$Q^* = 401{,}49$$

b) Berechnung des Erlöses:

$$E = p \cdot x = (100 - 2 \cdot x) \cdot x = 100 \cdot x - 2 \cdot x^2$$

Berechnung des Grenzerlöses (Bildung der ersten Ableitung):

$$\frac{dE}{dx} = 100 - 4 \cdot x$$

Berechnung der Gesamtkosten:

$$GK = K_{var} + K_{fix} = \frac{1}{2} \cdot x^2 + 5 \cdot x + 100$$

Berechnung der Grenzkosten (Bildung der ersten Ableitung):

$$\frac{dGK}{dx} = x + 5$$

Gleichsetzen von Grenzerlös und Grenzkosten:

$$\frac{dE}{dx} = \frac{dGK}{dx}$$

Berechnung des gewinnmaximalen Outputs:

$$100 - 4 \cdot x^*_{\text{MON}} = x^*_{\text{MON}} + 5$$

$$5 \cdot x^*_{\text{MON}} = 95$$

$$x^*_{\text{MON}} = 19$$

Berechnung des gewinnmaximalen Preises (Einsetzen in die Preis-Absatz-Funktion):

$$p^*_{\text{MON}} = 100 - 2 \cdot x^*_{\text{MON}} = 100 - 2 \cdot 19 = 62$$

Allgemeine Gewinnfunktion:

$$Q = p \cdot x - K_{\text{var}} - K_{\text{fix}}$$

Berechnung des Monopolgewinns:

$$Q^*_{\text{MON}} = p^*_{\text{MON}} \cdot x^*_{\text{MON}} - K_{\text{var}} - K_{\text{fix}}$$

$$Q^*_{\text{MON}} = 62 \cdot 19 - \frac{1}{2} \cdot 19^2 - 5 \cdot 19 - 100$$

$$Q^*_{\text{MON}} = 1178 - 180{,}5 - 95 - 100$$

$$Q^*_{\text{MON}} = 802{,}5$$

c) Der Monopolist kann sowohl seine Angebotsmenge als auch seinen Angebotspreis selbst wählen. Er wird dabei die Preis-Mengen-Kombination wählen, bei der sein Gewinn am größten ist. Dabei ist der von ihm gewählte Preis höher als der Preis des polypolistischen Anbieters, seine angebotene Menge hingegen geringer.

3.3.2 Kompakttraining zu Kapitel 3.3

Sind die folgenden Aussagen richtig oder falsch?
a) Im Duopol treten genau zwei Anbieter auf.
b) Liegt der Marktpreis unter dem Gleichgewichtspreis, so herrscht auf dem Markt ein Überschussangebot.
c) Eine Veränderung der Lageparameter der Angebotskurve bedingt eine Bewegung auf dieser Kurve.
d) Ein wirksamer Höchstpreis liegt über dem Gleichgewichtspreis.
e) Ein wirksamer Mindestpreis liegt unter dem Gleichgewichtspreis.
f) Höchstpreise können Rationierungsmaßnahmen erforderlich machen.
g) Mindestpreise können zu einem Überschussangebot führen.
h) In einem Nachfrageoligopol treten am Markt mehr Anbieter als Nachfrager auf.
i) In einem beschränkten Nachfragemonopol gibt es einige wenige Nachfrager.
j) Der Cournot'sche Punkt bestimmt das Marktgleichgewicht bei vollkommener Konkurrenz.

Lösung
a) Richtig.
b) Falsch. *Hinweis: In dieser Situation ist der Preis quasi zu niedrig. Zu diesem Preis bieten die Produzenten weniger an als zum Gleichgewichtspreis. Gleichzeitig fragen die Konsumenten aber mehr nach. Daher ist die Nachfrage größer als das Angebot, es herrscht eine Überschussnachfrage.*
c) Falsch. *Hinweis: Die Lageparameter bestimmen die Position der Angebotskurve im Koordinatensystem. Eine Veränderung dieser Parameter führt damit zu einer Bewegung bzw. Verschiebung der Kurve selbst.*
d) Falsch. *Hinweis: Ein Höchstpreis stellt eine Obergrenze für Preissteigerungen dar. Er soll das Ansteigen der Preise über ein gesamtgesellschaftlich erwünschtes Niveau verhindern. Als wirksam wird ein Höchstpreis bezeichnet, der die freie Preisentwicklung auf dem Markt beeinflusst. Dies ist nur dann der Fall, wenn der Höchstpreis und damit die Preisobergrenze unter dem Gleichgewichtspreis liegen und somit einen niedrigeren Preis als den Gleichgewichtspreis erzwingen.*
e) Falsch. *Hinweis: Ein Mindestpreis stellt eine Untergrenze für Preissteigerungen dar. Er soll das Absinken der Preise unter ein gesamtgesellschaftlich erwünschtes Niveau verhindern. Als wirksam wird ein Mindestpreis bezeichnet, der die freie Preisentwicklung auf dem Markt beeinflusst. Dies ist nur dann der Fall, wenn der*

*Mindestpreis und damit die Preisuntergrenze über dem Gleichgewichtspreis lie-
gen und somit einen höheren Preis als den Gleichgewichtspreis erzwingen.*

f) Richtig.

g) Richtig.

h) Richtig.

i) Falsch. *Hinweis: Bei dieser Marktform steht wenigen Anbietern ein einzelner
Nachfrager gegenüber. Diese Situation kann beispielsweise im Bereich der
Zulieferindustrie auftreten, wenn wenige Zulieferer eine bestimmte Spezialkom-
ponente produzieren, für die es aber nur genau einen Abnehmer gibt.*

j) Falsch. *Hinweis: Der Cournot'sche Punkt bestimmt das Marktgleichgewicht im
Monopol.*

3.4 Marktversagen und Staatseingriffe

Nachdem Sie nun bereits das idealisierte Zusammenspiel von Angebot und Nachfrage sowie einige Einschränkungen desselben kennengelernt haben, sollen Sie
nun einige bekannte Probleme des freien Spiels der Marktkräfte analysieren. Zunächst erarbeiten Sie dabei die Problematik der externen Effekte. Sie lernen hier
quasi die Nebenwirkungen verschiedener ökonomischer Aktivitäten kennen. Außerdem wird das Problem der öffentlichen Güter aus Abschnitt 2.2 nochmals ver-
tieft. Auch dies ist ein Thema, welches Sie insbesondere in der Finanzwissenschaft
immer wieder beschäftigen wird. Ähnliches gilt für die asymmetrische Verteilung
von Informationen, welche Sie ebenfalls während Ihres ganzen Studiums (auch in
betriebswirtschaftlichen Bereichen) begleiten wird – sodass sich die Erarbeitung
eines soliden Basiswissens sicherlich bezahlt machen wird.

Schlüsselbegriffe: Externe Effekte, Konsumexternalität, Produktionsexternalität,
öffentliches Gut, Nicht-Rivalität, Nicht-Ausschließbarkeit, Trittbrettfahrerverhalten,
Staatseingriffe, hidden characteristics, hidden action, adverse Selektion, moral
hazard

3.4.1 Aufgaben und Lösungen zu Kapitel 3.4

Aufgabe 3-45: Externe Effekte (1)

Erläutern Sie, was man unter positiven und negativen externen Effekten versteht.

Lösung

Externe Effekte bzw. Externalitäten liegen immer dann vor, wenn eine Transaktion Auswirkungen auch auf an dieser Transaktion unbeteiligte Wirtschaftssubjekte hat.

Ein positiver externer Effekt liegt vor, wenn unbeteiligten Dritten ein (zusätzlicher) Nutzen aus einer Transaktion erwächst, für den diese aber nicht an den Kosten beteiligt werden.

Ein negativer externer Effekt liegt vor, wenn unbeteiligten Dritten ein (zusätzlicher) Schaden aus einer Transaktion entsteht, für den diese aber keine Entschädigung erhalten.

Aufgabe 3-46: Externe Effekte (2)

Nennen Sie jeweils zwei Beispiele für positive und negative externe Effekte.

Lösung

Beispiele für positive externe Effekte: ein gepflegter Garten, dessen Anblick auch die Nachbarn genießen können, oder die Entwicklung einer neuen Technologie, die aufgrund eines fehlenden Patentschutzes auch anderen Unternehmen zugänglich ist.

Beispiele für negative externe Effekte: Rauchen in öffentlichen Räumen, die unentgeltliche Einleitung von chemischen Abfällen in ein öffentliches Gewässer.

Aufgabe 3-47: Externe Effekte (3)

Die Internalisierung externer Effekte folgt dem Verursacherprinzip: Derjenige, der gegenüber unbeteiligten Dritten Schäden verursacht, soll diese auch bezahlen.

a) Diskutieren Sie am Beispiel des Rauchens zunächst, welche Schäden gegenüber unbeteiligten Dritten verursacht werden.

b) Erläutern Sie anschließend, welche Möglichkeiten der Internalisierung dieser Effekte bestehen.

Lösung

a) Zum einen werden unbeteiligte Dritte als Passivraucher direkt geschädigt. Zum anderen ist davon auszugehen, dass das Rauchen auch bei den Rauchern selbst gesundheitliche Schäden verursacht, welche medizinische Behandlungen notwendig machen. Diese medizinischen Behandlungen verursachen Kosten, welche in einem gesetzlichen Krankenversicherungssystem, wie es in Deutschland besteht, von der Gemeinschaft aller Versicherten getragen werden. Auch von diesen Kosten sind somit unbeteiligte Dritte betroffen.

b) Eine Internalisierung der externen Effekte des Rauchens soll erreichen, dass die durch das Rauchen entstehenden zusätzlichen Kosten im Wesentlichen von den Verursachern selbst, also den Rauchern, getragen werden. Insbesondere bei ihren eigenen Krankheitskosten wären zunächst höhere Krankenversicherungsbeiträge für Raucher denkbar. Hierbei stehen die Krankenkassen aber vor diversen Kontroll- und Messproblemen. Alternativ kann eine Internalisierung auch direkt bei der Verursachung, also dem Rauchen, ansetzen. Eine Tabaksteuer führt zum einen zu einer Verteuerung der Tabakwaren und damit zu einer Reduzierung des Konsums und zum anderen zu zusätzlichen Steuereinnahmen, mit denen die gesundheitlichen Folgekosten des Rauchens beglichen werden können.

Aufgabe 3-48: Nachhaltigkeit (1)

Erläutern Sie, warum staatliche Eingriffe zur Internalisierung negativer externer Effekte entscheidend für nachhaltiges Wirtschaften sind.

Lösung

Die Internalisierung negativer externer Effekte führt dazu, dass die Verursacher dieser Effekte auch die Kosten, die unbeteiligten Dritten oder der Allgemeinheit durch ihr Handeln entstehen, tragen müssen. Dies führt dazu, dass sie selbst ein verstärktes Interesse daran haben, die Entstehung der zusätzlichen Kosten und damit auch die negativen externen Effekte zu vermeiden. So kann es beispielsweise zu einem geringeren Ressourcenverbrauch oder zu mehr Innovationen kommen. Gleichzeitig erhält der Staat durch die Internalisierung dieser Effekte beispielsweise durch Emissionsabgaben oder Steuern Mittel, die zur Beseitigung entstandener Schäden eingesetzt werden können.

Aufgabe 3-49: Nachhaltigkeit (2)

Kann die Nutzung nicht nachwachsender Rohstoffe nachhaltig sein? Begründen Sie Ihre Antwort.

Lösung

Diese Frage kann unterschiedlich beantwortet werden, je nachdem welches Verständnis von Nachhaltigkeit verwendet wird.

Allgemein geht es darum, zu entscheiden ob eine Generation zur Befriedigung ihrer Bedürfnisse nicht nachwachsende Rohstoffe verbrauchen „darf", die dann einer späteren Generation nicht mehr zur Nutzung zur Verfügung stehen.

Befürworter eines sehr weitgefassten Nachhaltigkeitsverständnisses argumentieren häufig, dass die Nutzung und auch der unwiderrufliche Verbrauch von nicht nachwachsenden Rohstoffen vertretbar sind, wenn die dabei befriedigten Bedürfnisse von späteren Generationen durch andere verfügbare Ressourcen befriedigt werden können. Dies gilt insbesondere (aber nicht nur) dann, wenn die entsprechenden Rohstoffe zur Entwicklung von alternativen Konsum- und Produktions-möglichkeiten genutzt werden.

Kritiker dieses Ansatzes vertreten häufig einen wesentlich enger gefassten Nachhaltigkeitsbegriff. Sie sehen insbesondere den endgültigen Verbrauch solcher Rohstoffe kritisch, da dieser zu einer Reduzierung der Wahlmöglichkeiten späterer Generationen führt. Diesen stehen die Rohstoffe dann weder für die heute be-kannte Nutzung noch für gänzliche andere Verwendungen zur Verfügung.

Aufgabe 3-50: Öffentliche Güter (1)
Erläutern Sie, was man unter öffentlichen Gütern versteht.

Lösung
Als öffentliche Güter werden Güter bezeichnet, die sich durch folgende zwei Ei-genschaften von privaten Gütern unterscheiden:

Zum einen liegt bei öffentlichen Gütern Nicht-Rivalität im Konsum vor. Dies bedeutet, dass es für einen bestimmten Konsumenten eines öffentlichen Gutes keine Rolle spielt, wie viele andere Menschen dasselbe Gut konsumieren.

Zum anderen besteht bei öffentlichen Gütern eine Nicht-Ausschließbarkeit im Konsum. Dies bedeutet, dass es nicht möglich ist, einzelne Konsumenten von der Nutzung eines vorhandenen öffentlichen Gutes auszuschließen.

Aufgabe 3-51: Öffentliche Güter (2)
Welche der folgenden Güter sind öffentliche Güter?
a) Deiche und Hochwasserschutzanlagen
b) Innere Sicherheit
c) Überfüllte Autobahnen zur Ferienzeit
d) Saubere Luft
e) Mautpflichtige Straßenbrücken
f) Wasserstraßen mit Schleusen

Lösung
a) Richtig.
b) Richtig.
c) Falsch. *Hinweis: Das Kriterium der Nicht-Rivalität ist nicht erfüllt; durch das hohe Verkehrsaufkommen hindern sich die Verkehrsteilnehmer gegenseitig an einer ungehinderten Straßennutzung.*
d) Richtig.
e) Falsch. *Hinweis: Das Kriterium der Nicht-Ausschließbarkeit ist nicht erfüllt; an den Mautstationen kann derjenige, der die Maut nicht entrichtet, an der Wei-terfahrt gehindert werden.*

f) Falsch. *Hinweis: Sowohl das Kriterium der Nicht-Rivalität als auch das Kriterium der Nicht-Ausschließbarkeit sind nicht erfüllt; zum einen können Schleusen in der Regel nicht von unbegrenzt vielen Schiffen gleichzeitig genutzt werden, zum anderen liegt auch hier die Möglichkeit vor, eine Weiterfahrt bei Nicht-Entrichtung der Gebühr zu verhindern.*

Aufgabe 3-52: Trittbrettfahrerverhalten
Ein VWL-Lehrstuhl bietet allgemeine Übungsmaterialien zu sehr niedrigen Bezugsgebühren als Download für eingeschriebene Studierende an.
a) Erläutern Sie, welche Möglichkeiten des Trittbrettfahrerverhaltens bestehen.
b) Diskutieren Sie, welche Möglichkeiten der Lehrstuhl hat, dieses Trittbrettfahrerverhalten zu unterbinden.

Lösung
a) Zum einen können eingeschriebene Studierende versuchen, die Bezugsgebühren zu umgehen, indem sie die Materialien nicht selbst herunterladen, sondern diese von Kommilitonen kopieren. Zum anderen können nicht eingeschriebene Studierende durch dasselbe Verhalten versuchen, neben den Bezugsgebühren auch die Immatrikulationskosten zu umgehen.
b) Der Lehrstuhl könnte zunächst die Downloadmöglichkeiten reduzieren bzw. die Unterlagen mit einem Kopierschutz ausstatten. Weiterhin könnte er die Unterlagen über einen Verlag veröffentlichen, welcher die Wahrung der Eigentumsrechte überwacht und etwaige Verstöße rechtlich verfolgt.

Aufgabe 3-53: Asymmetrische Information
Erläutern Sie am Beispiel des Marktes für Gebrauchtwagen, was man unter adverser Selektion versteht.

Lösung
Auf einem Gebrauchtwagenmarkt werden Gebrauchtwagen unterschiedlicher Güte und Qualität angeboten. Viele dieser Autos weisen Mängel auf, die ein Kaufinteressent auf den ersten Blick nicht erkennen kann. Um entscheiden zu können, ob er bereit ist, einen bestimmten Preis für einen Gebrauchtwagen zu zahlen, benötigt er daher ein Entscheidungskriterium. Er kann beispielsweise die durchschnittliche Güte der Gebrauchtwagen auf diesem Markt als Entscheidungskriterium für den Preis, den er zu zahlen bereit ist, verwenden. Dieser Preis für einen Wagen „mittlerer Qualität" wird jedoch die Anbieter von Gebrauchtwagen höherer Qualität dazu bewegen, ihre Autos auf diesem Markt nicht mehr anzubieten. Sie werden aus dem Markt austreten. Damit sinkt jedoch auch die „mittlere Qualität", welche der Kauf interessent als Entscheidungskriterium für seine Zahlungsbereitschaft verwendet.

Hierdurch werden wiederum die nun besten Gebrauchtwagen vom Markt vertrieben. Dieser Prozess führt dazu, dass aufgrund der unvollständigen Informationen auf dem Markt keine Verträge zustande kommen, obwohl es durchaus Verkäufer und Käufer mit übereinstimmenden Plänen gäbe.

3.4.2 Kompakttraining zu Kapitel 3.4

Sind die folgenden Aussagen richtig oder falsch?

a) Externe Effekte können sowohl bei der Produktion als auch beim Konsum auftreten.

b) Die KFZ-Steuer ist eine Möglichkeit der Internalisierung der externen Effekte des Autofahrens.

c) Öffentliche Güter sind Güter, die nur vom Staat konsumiert werden können.

d) Öffentliche Güter sind Güter, die nur der Staat anbieten darf.

e) Bei öffentlichen Gütern wird das Wohlfahrtsniveau, welches sich im Marktgleichgewicht einstellt, als zu gering eingeschätzt.

f) Informationsasymmetrien bestehen immer dann, wenn die für die Transaktion wichtigen Informationen ungleich zwischen den Transaktionspartnern verteilt sind.

g) Aus Informationsasymmetrien können die Probleme der hidden characteristics und der hidden action resultieren.

h) Aus Informationsasymmetrien können die Probleme der hidden probability und des hidden defaults resultieren.

i) Die Merkmale öffentlicher Güter sind die Nicht-Rivalität und die Nicht-Ausschließbarkeit im Konsum.

j) Öffentliche Güter bedürfen keiner Finanzierung, da sie frei zugänglich und in ausreichendem Maße vorhanden sind.

Lösung

a) Richtig.

b) Richtig.

c) Falsch. *Hinweis: Öffentliche Güter sind Güter, deren Konsum durch Nicht-Rivalität und Nicht-Ausschließbarkeit gekennzeichnet ist. Dies führt zu keiner bzw. zu einer zu niedrigen Zahlungsbereitschaft für diese gesamtgesellschaftlich sehr wohl als notwendig betrachteten Güter. Aufgrund dieses Marktversagens ist eine Bereitstellung dieser Güter durch den Staat erforderlich. Konsumiert werden öffentliche Güter üblicherweise von allen oder zumindest von vielen Wirtschaftssubjekten.*

d) Falsch. *Hinweis: Aufgrund des Marktversagens, welches mit ihrer Bereitstellung verbunden ist, müssen öffentliche Güter in der Regel vom Staat bereitgestellt werden. Aus ökonomischer Sicht ist hiermit jedoch keine rechtliche Beschränkung der Produktion verbunden. Bei vielen öffentlichen Gütern wäre eine privatwirtschaftliche Produktion durchaus denkbar, es finden sich jedoch keine Anbieter, die dazu bereit wären.*

e) Richtig.

f) Richtig.

g) Richtig.

h) Falsch. *Hinweis: Hidden probability (versteckte Wahrscheinlichkeiten) und hidden defaults (versteckte Fehler) wären sicherlich auch erforschenswerte Probleme, sie gehören jedoch nicht zu den in der Volkswirtschaftslehre üblicherweise verwendeten Fachbegriffen im Zusammenhang mit der Analyse von Informationsasymmetrien.*

i) Richtig.

j) Falsch. *Hinweis: In ausreichendem Maße vorhandene, frei zugängliche Güter werden als freie Güter bezeichnet. Öffentliche Güter hingegen zeichnen sich zwar durch Nicht-Ausschließbarkeit aus – sie stehen also, wenn sie einmal vorhanden sind, allen Konsumenten zur Verfügung –, für ihre Herstellung ist jedoch Aufwand nötig. Aufgrund des Trittbrettfahrerverhaltens der Konsumenten muss dieser Aufwand üblicherweise vom Staat betrieben werden.*

4 Makroökonomik

4.1 Makroökonomische Grundbegriffe

Nachdem Sie sich nun sicherlich gründlich mit den Grundlagen der modernen Mikroökonomik auseinandergesetzt haben, nehmen wir nun einen Perspektivwechsel vor und wenden uns mit der Makroökonomik der Lehre von der Wirtschaft als Ganzem zu. Im Gegensatz zur Mikroökonomik betrachtet die Makroökonomik nicht mehr wie individuelle Entscheidungen auf einzelnen Märkten mit einzelnen Gütern getroffen werden, sondern sie untersucht das Verhalten von Gruppen und das daraus resultierende Zusammenspiel aller Märkte. In diesem ersten Abschnitt sollen Sie sich zunächst mit einigen weiteren Grundbegriffen vertraut machen, welche Sie in den nachfolgenden Kapiteln immer wieder antreffen werden.

Schlüsselbegriffe: Aggregation, Sektoren, Märkte, Preise, reale Größen, nominale Größen, Gesetz von Walras

4.1.1 Aufgaben und Lösungen zu Kapitel 4.1

Aufgabe 4-1: Sektoren
Ordnen Sie den folgenden Beschreibungen die jeweiligen Sektoren zu.
a) Der Sektor tritt als Anbieter von Arbeitskraft auf.
b) In diesem Sektor werden Wirtschaftssubjekte zusammengefasst, die nicht dem inländischen Wirtschaftsgeschehen zugerechnet werden, aber mit den inländischen Wirtschaftssubjekten Transaktionen durchführen.
c) Zu diesem Sektor zählen alle öffentlichen Haushalte und die Notenbank.
d) Der Sektor entscheidet über die Produktion von Gütern, seine Nachfrage nach Arbeitskräften, seine Investitionen und die Ausgabe von Wertpapieren.

Lösung
a) Haushalte.
b) Ausland.
c) Staat.
d) Unternehmen.

Aufgabe 4-2: Märkte
Welche vier Märkte werden in einer geschlossenen Volkswirtschaft unterschieden?

https://doi.org/10.1515/9783111252667-004

Lösung

In einer geschlossenen Volkswirtschaft werden üblicherweise der Gütermarkt, der Arbeitsmarkt, der Geldmarkt und der Wertpapiermarkt voneinander abgegrenzt.

Aufgabe 4-3: Märkte und Sektoren

In einer geschlossenen Volkswirtschaft sind auf den verschiedenen Märkten üblicherweise die Sektoren Haushalte, Unternehmen und Staat tätig. Ergänzen Sie das folgende Schaubild um die entsprechenden Aktivitäten.

Markt	Sektor		
	Haushalte	Unternehmen	Staat
Gütermarkt			
Arbeitsmarkt			
Geldmarkt			
Wertpapiermarkt			

Lösung

Markt	Sektor		
	Haushalte	Unternehmen	Staat
Gütermarkt	Konsumnachfrage	Investitionsnachfrage, Güterangebot	Staatsnachfrage (Staatsausgaben)
Arbeitsmarkt	Arbeitsangebot	Arbeitsnachfrage	
Geldmarkt	Geldnachfrage		Geldangebot (Zentralbank)
Wertpapiermarkt	Wertpapiernachfrage	Wertpapierangebot	Wertpapierangebot

Aufgabe 4-4: Preise

Erläutern Sie die makroökonomische Aggregation von Preisen.

Lösung

In der Makroökonomik werden nicht mehr die einzelnen Preise verschiedener Güter betrachtet, sondern nur noch das gesamtwirtschaftliche Preisniveau P. Dieses Preisniveau wird mithilfe von Preisindizes bestimmt.

Spezielle Preise, die in die Makroökonomik Eingang finden, sind der Lohnsatz W als Preis für Arbeit und der Zins i als Preis für Kapital.

Aufgabe 4-5: Reale und nominale Größen

Auch in der Makroökonomik sind nominale und reale Größen zu berücksichtigen.

a) Welche Größen sind zur Analyse makroökonomischer Zusammenhänge geeigneter? Begründen Sie Ihre Antwort.

b) Bestimmen Sie für die nominale Geldmenge M und den nominalen Lohnsatz W jeweils die dazugehörigen Realgrößen.

Lösung

a) In den allermeisten Fällen werden reale Größen als geeigneter angesehen. Dies lässt sich folgendermaßen begründen: Zum einen lassen sich nur bei Realgrößen eindeutige Aussagen über die Ursachen von Veränderungen tätigen. Bei Nominalgrößen lassen sich Mengen- und Preiseffekte hingegen nicht eindeutig voneinander abgrenzen. Zum anderen richten Wirtschaftssubjekte bei Rationalverhalten ihr Verhalten an Realgrößen aus.

b) Die dazugehörigen Realgrößen ergeben sich durch eine Division der Nominalgrößen durch das Preisniveau P:

$$\frac{M}{P} \text{ (reale Geldmenge)}$$

$$\frac{W}{P} \text{ (Reallohn)}$$

Aufgabe 4-6: Gesetz von Walras

Wie lautet das Gesetz von Walras?

Lösung

Wenn das Gesamtangebot und die Gesamtnachfrage auf $n - 1$ Märkten ausgeglichen sind, so müssen auch das Gesamtangebot und die Gesamtnachfrage auf dem n–ten Markt übereinstimmen.

Hinweis: Grund hierfür ist die Verknüpfung der Märkte mittels der Budgetbedingungen. Es kann insgesamt nur genau so viel nachgefragt werden, wie angeboten wird – und umgekehrt.

4.1.2 Kompakttraining zu Kapitel 4.1

Sind die folgenden Aussagen richtig oder falsch?

a) Eine offene Volkswirtschaft berücksichtigt neben den Sektoren Haushalte, Unternehmen und Staat auch den Sektor Ausland.

b) Während Geld ausschließlich vom Sektor Staat angeboten werden kann, wird das Wertpapierangebot sowohl vom Staat als auch von den Unternehmen bestritten.

c) Der Kern makroökonomischer Analysen ist eine Analyse, die die Zusammenhänge zwischen mehreren Märkten berücksichtigt.

d) Das Gesetz von Walras ermöglicht es, die Analyse immer auf die Hälfte der zu berücksichtigenden Märkte zu beschränken.

e) Das Gesetz von Walras basiert auf den Ansätzen der Neoklassik.

f) Die Budgetbedingung des Sektors Haushalte besagt, dass die Konsumnachfrage kleiner als die Investitionsnachfrage sein muss.

g) Neben zahlreichen Vorteilen hat eine makroökonomische Aggregation den Nachteil, dass Informationen verloren gehen.

h) Das Preisniveau P wird für jedes Gut einzeln festgelegt.

i) Der Sektor Haushalte fragt Arbeit nach.

j) Der Sektor Unternehmen bietet Arbeit an.

Lösung

a) Richtig.

b) Richtig.

c) Richtig.

d) Falsch. *Hinweis: Das Gesetz von Walras ermöglicht es lediglich, die Analyse um einen Markt zu reduzieren. Im Falle von n = 2 Märkten ist die Aussage daher korrekt. Im Falle von n > 2 Märkten ist die Aussage jedoch falsch.*

e) Richtig.

f) Falsch. *Hinweis: Die Budgetbedingung des Sektors Haushalte besagt, dass die Zuflüsse der Haushalte in einer Periode, also die von den Unternehmen und dem Staat gezahlten Einkommen sowie die Transferzahlungen, insgesamt ihren Abflüssen, also ihren Konsumausgaben, ihren Steuerzahlungen und ihren Ersparnissen, in dieser Periode entsprechen müssen. Dabei ist die Verteilung auf die einzelnen Posten egal. Die Investitionsnachfrage der Unternehmen steht den verfügbaren Mitteln, also den Ersparnissen der Haushalte und der Unternehmen selbst sowie den Ersparnissen des Staates, gegenüber.*

g) Richtig.

h) Falsch. *Hinweis: Das Preisniveau ist eine aggregierte gesamtwirtschaftliche Größe. Es stellt einen gewichteten Durchschnittspreis dar, in den alle Einzelpreise eingehen. Das Preisniveau wird üblicherweise für eine Volkswirtschaft oder einen Wirtschaftsraum wie die Europäische Union bestimmt.*

i) Falsch. *Hinweis: Der Sektor Haushalt agiert als Arbeitsanbieter. Unter „Arbeit"*
   ist hier die Arbeitsbereitschaft bzw. das Arbeiten als Tätigkeit zu verstehen,
   nicht die Arbeitsstelle oder der Job.

j) Falsch. *Hinweis: Der Sektor Unternehmen agiert als Arbeitsnachfrager. Er*
   sucht Personen, die bereit sind, anfallende Tätigkeiten zu verrichten.

4.2 Europäisches System Volkswirtschaftlicher Gesamtrechnung (ESVG)

Bevor Sie sich in den nachfolgenden Kapiteln mit der detaillierten Analyse der
gesamtwirtschaftlichen Märkte und den zwischen ihnen bestehenden Zusammenhängen befassen, sollten Sie Ihr Augenmerk zunächst noch etwas genauer auf die
grundlegenden Wirtschaftskreisläufe und die verschiedenen Verfahren der Messung der wirtschaftlichen Leistungsfähigkeit einer Volkswirtschaft richten. Während die bisherigen Abschnitte sich eher mit theoretischen Sichtweisen befasst
haben, wendet sich dieses Kapitel mit der Erfassung der erbrachten Wirtschafts-
leistungen im Rahmen der Volkswirtschaftlichen Gesamtrechnung (VGR) auch
praktischen Aspekten zu.

Schlüsselbegriffe: Wirtschaftskreislauf, Stromgrößen, Bestandsgrößen, ex ante, ex
post, Kreislaufaxiom, Volkswirtschaftliche Gesamtrechnung (VGR), Europäisches
System Volkswirtschaftlicher Gesamtrechnungen (ESVG), Inlandskonzept, Inländerkonzept, Bruttoinlandsprodukt (BIP), Entstehungsrechnung, Verwendungsrechnung, Verteilungsrechnung, reales BIP, nominales BIP, Preisindex, Preisindex nach
Paasche, Preisindex nach Laspeyres

4.2.1 Aufgaben und Lösungen zu Kapitel 4.2

Aufgabe 4-7: Analysemethoden
Das Wirtschaftswachstum in der Bundesrepublik Deutschland ist Gegenstand
zahlreicher ökonomischer Analysen. Grenzen Sie anhand dieses Beispiels die Begriffe der „ex ante"-Analyse und der „ex post"-Analyse voneinander ab.

Lösung
Eine ex ante-Analyse hat einen noch in der Zukunft liegenden Zeitraum zum Gegenstand, sie leitet also aus vorhandenen Daten der Vergangenheit Aussagen
über zukünftige Entwicklungen ab. Zu den ex ante-Analysen gehören damit beispielsweise die Wachstumsprognosen des Sachverständigenrates.

Eine ex post-Analyse hingegen hat einen bereits vergangenen Zeitraum zum Gegenstand, sie analysiert die vorliegenden Ergebnisse und Daten, um hieraus nachträglich Erklärungen abzuleiten. Zu den ex post-Analysen gehören beispielsweise viele Veröffentlichungen des Statistischen Bundesamtes.

Aufgabe 4-8: Wirtschaftskreisläufe (1)

Betrachtet wird das Kreislaufmodell einer geschlossenen Volkswirtschaft mit Staat:

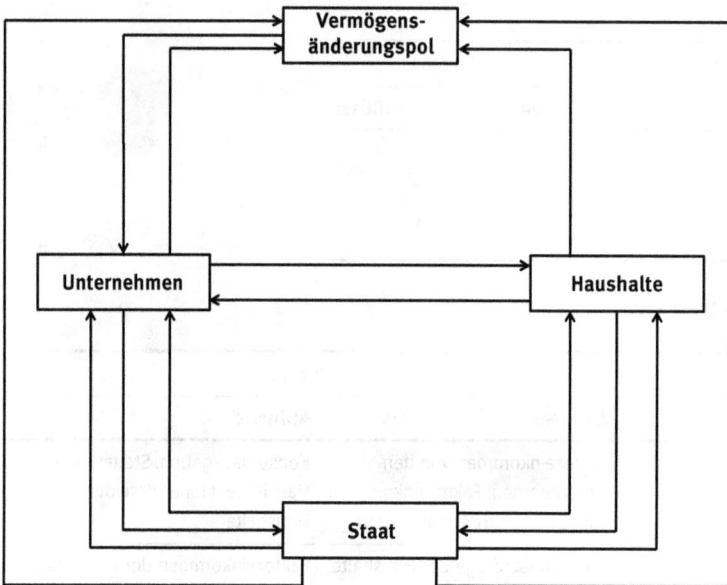

Ordnen Sie den folgenden Stromgrößen die Pole zu, denen sie in diesem Modell zufließen.

a) Transfers
b) Ersparnisse der Haushalte
c) Staatsnachfrage
d) Subventionen
e) Investitionen der Unternehmen
f) Steuern der privaten Haushalte
g) Ersparnisse der Unternehmen

Lösung

a) Haushalte.
b) Vermögensänderungspol.
c) Unternehmen.

d) Unternehmen.
e) Unternehmen.
f) Staat.
g) Vermögensänderungspol.

Aufgabe 4-9: Wirtschaftskreisläufe (2)

Ergänzen Sie in der folgenden Tabelle sämtliche Zuflüsse und Abflüsse an den einzelnen Polen.

Pol	Ströme	
	Zuflüsse	Abflüsse
Haushalte		
Unternehmen		
Staat		
Vermögensänderungspol		

Lösung

Pol	Ströme	
	Zuflüsse	Abflüsse
Haushalte	Faktoreinkommen von den Unternehmen, Faktoreinkommen vom Staat, Transferzahlungen	Konsumausgaben, Steuern der Haushalte, Ersparnisse der Haushalte
Unternehmen	Konsumnachfrage der Haushalte, Staatsnachfrage, Investitionen, Subventionen	Faktoreinkommen der Haushalte, Steuern der Unternehmen, Ersparnisse der Unternehmen
Staat	Steuern der Haushalte, Steuern der Unternehmen, Staatsinvestitionen	Faktoreinkommen der Haushalte, Staatsnachfrage, Transferzahlungen, Subventionen, Ersparnisse des Staates
Vermögensänderungspol	Ersparnisse der Haushalte, Ersparnisse der Unternehmen, Ersparnisse des Staates	Investitionen der Unternehmen, Staatsinvestitionen

Aufgabe 4-10: Konzepte der VGR

Betrachten Sie die folgende Situation in einem deutschen Ort nahe der niederländischen Grenze: Der im Ort lebende Joachim ist Grenzgänger, er arbeitet für ein Unternehmen mit Sitz im niederländischen Nijmegen. Die ortsansässige Gärtnerei Bioblume beschäftigt zehn niederländische Mitarbeiter, welche ebenfalls Grenzpendler sind. Außerdem hat der deutsche Inhaber der Bioblume einen Großteil seiner privaten Ersparnisse aufgrund der guten Konditionen bei der niederländischen Rabobank angelegt.

a) Welche der entstehenden Einkommen sind nach dem Inländerkonzept in der deutschen VGR zu berücksichtigen?

b) Welche der entstehenden Einkommen sind nach dem Inlandskonzept in der deutschen VGR zu berücksichtigen?

Lösung

a) Das Inländerkonzept berücksichtigt alle Einkommen, die Inländern zugeflossen sind, – unabhängig davon, wo diese Einkommen selbst ihren Entstehungsort haben. Inländer sind hier Joachim und der Inhaber der Bioblume, in der deutschen VGR sind daher Joachims Einkommen, die Zinseinkünfte aus der Anlage bei der Rabobank sowie die Einkünfte des Inhabers aus dem Betrieb der Bioblume zu berücksichtigen.

b) Das Inlandskonzept berücksichtigt alle Einkommen, die im Inland entstanden sind, – unabhängig davon, ob an ihrer Entstehung Inländer oder Ausländer beteiligt waren. Im Inland entstehen hier alle Einkommen aus dem Betrieb der Bioblume, diese sind daher in vollem Umfang zu berücksichtigen.

Aufgabe 4-11: Aufbau der VGR (1)

Die Berechnung des Bruttoinlandsproduktes bildet einen der zentralen Punkte der VGR.

a) Nennen Sie die drei Rechnungen, mit deren Hilfe das Bruttoinlandsprodukt bestimmt werden kann.

b) Stellen Sie die entsprechenden Rechenwege nur mithilfe der folgenden Begriffe dar: Saldo der Primäreinkommen mit der übrigen Welt ($YEXIM$), Konsumausgaben des Staates (G), Abschreibungen (D), Produktionswert (PW), Arbeitnehmerentgelt (LE), Gütersubventionen (Z^*), Bruttoinvestitionen (I^b), Gütersteuern (T^{ind*}), Exporte (EX), Unternehmens- und Vermögenseinkommen (GE), Produktions- und Importabgaben an den Staat (T^{ind*}), Vorleistungen (einschl. FISIM) (VL), private Konsumausgaben (C), Importe (IM), Subventionen vom Staat (Z).

c) Verwenden Sie die in b) genannten Begriffe nun, um vom Bruttoinlandsprodukt ausgehend die folgenden Größen herzuleiten: Bruttonationaleinkommen, Volkseinkommen, Nettonationaleinkommen.

Lösung

a) Entstehungsrechnung, Verwendungsrechnung und Verteilungsrechnung.

b) Entstehungsrechnung:

$$BIP = PW - VL + T^{ind}* - Z*$$

Verwendungsrechnung:

$$BIP = C + G + I^b + EX - IM$$

Verteilungsrechnung:

$$BIP = LE + GE - Z + T^{ind} + D - \text{YEXIM}$$

c) Bruttonationaleinkommen:

$$Y^b = BIP + \text{YEXIM}$$

Volkseinkommen:

$$Y = BIP + \text{YEXIM} - D - T^{ind} + Z$$

Nettonationaleinkommen:

$$Y^n = BIP + \text{YEXIM} - D$$

Aufgabe 4-12: Aufbau der VGR (2)

Das Bruttoinlandsprodukt kann in der Volkswirtschaftlichen Gesamtrechnung auf verschiedenen Wegen bestimmt werden. Ordnen Sie den folgenden Größen jeweils die Berechnungsart zu, in der sie verwendet werden.

a) Konsumausgaben des Staates
b) Export von Waren und Dienstleistungen
c) Arbeitnehmerentgelt
d) Vorleistungen (einschließlich FISIM)
e) Investitionen
f) Gütersteuern

Lösung

a) Verwendungsrechnung.
b) Verwendungsrechnung.
c) Verteilungsrechnung.
d) Entstehungsrechnung.
e) Verwendungsrechnung.
f) Entstehungsrechnung.

Aufgabe 4-13: Berechnungen zur VGR (1)

Gegeben sind folgende Angaben aus einer VGR:

Arbeitnehmerentgelt (LE)	1130
Gütersteuern ($T^{\text{ind}}*$)	220
Gütersubventionen (Z^*)	10
Abschreibungen (D)	90
Exporte (EX)	820
Importe (IM)	710
Vorleistungen (einschl. FISIM) (VL)	1900
Investitionen (I^b)	590
Unternehmens- und Vermögenseinkommen (GE)	490
Produktionswert (PW)	3900

Berechnen Sie das Bruttoinlandsprodukt und das Volkseinkommen.

Lösung

Berechnung des Bruttoinlandsproduktes mittels der Entstehungsrechnung:

$$BIP = PW - VL + T^{\text{ind}}* - Z^*$$

Einsetzen der Werte:

$$BIP = 3900 - 1900 + 220 - 10 = 2210$$

Berechnung des Volkseinkommens:

$$Y = LE + GE$$

Einsetzen der Werte:

$$Y = 1130 + 490 = 1620$$

Aufgabe 4-14: Berechnungen zur VGR (2)

Gegeben sind folgende Angaben aus einer VGR:

Arbeitnehmerentgelt (LE)	1031
Nettonationaleinkommen (Y^n)	1630
Bruttowertschöpfung (BWS)	1742
Bruttoinlandsprodukt (BIP)	1929
Exporte (EX)	551
Bruttonationaleinkommen (Y^b)	1915
Volkseinkommen (Y)	1442

Berechnen Sie den Saldo der Primäreinkommen mit der übrigen Welt, die Abschreibungen und die Unternehmens- und Vermögenseinkommen.

Lösung

Berechnung des Saldos der Primäreinkommen mit der übrigen Welt:

$$YEXIM = Y^b - BIP$$

Einsetzen der Werte:

$$YEXIM = 1915 - 1929 = -14$$

Berechnung der Abschreibungen:

$$D = Y^b - Y^n$$

Einsetzen der Werte:

$$D = 1915 - 1630 = 285$$

Berechnung der Unternehmens- und Gewinneinkommen:

$$GE = Y - LE$$

Einsetzen der Werte:

$$GE = 1442 - 1031 = 411$$

Aufgabe 4-15: Preisbereinigung

Auch beim Bruttoinlandsprodukt wird zwischen realen und nominalen Größen unterschieden.

a) Erläutern Sie den Unterschied zwischen dem realen und dem nominalen BIP.

b) Erläutern Sie, warum eine Preisbereinigung in der VGR wichtig ist.

c) Nennen Sie zwei Methoden zur Preisbereinigung in der VGR.

Lösung

a) Das nominale BIP wird anhand der gehandelten Menge und der hierfür erzielten Preise des jeweiligen Berechnungsjahres bestimmt. Das reale BIP hingegen blendet etwaige Preisveränderungen aus, indem es statt der Preise des Berechnungsjahres andere – im Zeitablauf konstant bleibende – Preise zugrunde legt.

b) Verwendet man nominale Größen, so können Veränderungen derselben sowohl auf Preis- als auch auf Mengenänderungen beruhen. Eine BIP-Steigerung kann also sowohl auf einer Verbesserung der Produktion als auch auf einer reinen Erhöhung der Preise beruhen. Nominale Größen sind deshalb nicht sehr aussagekräftig. Schließt man Preisänderungen – mittels einer Preisbereinigung – als Ursache einer Veränderung des BIP aus, so spiegeln Veränderungen des BIP definitiv Veränderungen der Produktion wider.

c) Zum einen können die konstanten Preise eines Basisjahres verwendet werden, zum anderen ist die Nutzung der Vorjahrespreise mithilfe von Kettenindizes möglich.

Lernhilfe 3: Berechnungsarten des Bruttoinlandsproduktes

Letztendlich müssen Sie für bei allen Berechnungen der VGR vor allem sicher wissen, wo die einzelnen Größen hingehören bzw. mithilfe welcher Größen Sie bestimmte Berechnungen durchführen können. Hierbei hat sich – unserer Meinung nach – das folgende Schema bewährt.

I. Entstehungsrechnung	II. Verwendungsrechnung
Produktionswert	Private Konsumausgaben
– Vorleistungen (einschl. FISIM)	+ Konsumausgaben des Staates
= Bruttowertschöpfung	+ Ausrüstungsinvestitionen
+ Gütersteuern	+ Bauinvestitionen
– Gütersubventionen	+ Sonstige Anlagen + Vorratsveränderungen und Nettobezug an Wertsachen
	+ Exporte von Waren und Dienstleistungen
	– Importe von Waren und Dienstleistungen

= Bruttoinlandsprodukt
+ Saldo der Primäreinkommen mit der übrigen Welt
= Bruttonationaleinkommen
– Abschreibungen

III. Verteilungsrechnung
= Nettonationaleinkommen (Primäreinkommen)
– Produktions- und Importabgaben an den Staat
+ Subventionen vom Staat

= Volkseinkommen
– Arbeitnehmerentgelt
= Unternehmens- und Vermögenseinkommen

Quelle: Sachverständigenrat zur Begutachtung der gesamtwirtschaftlichen Entwicklung (2005): Die Chance – Reformen mutig voranbringen, Jahresgutachten 2005/2006, Statistischer Anhang.

Aufgabe 4-16: Inflationsrate (1)

Das Preisniveau einer Volkswirtschaft liegt in einer Periode bei $P_0 = 50$. In der nachfolgenden Periode steigt es auf $P_1 = 52$. Berechnen Sie die Inflationsrate.

Lösung

Berechnung der Inflationsrate mit Hilfe der Preisniveaus:

$$\hat{P}_{(t-1)t} = \frac{P_t - P_{t-1}}{P_{t-1}} \cdot 100$$

Einsetzen der Werte:

$$\hat{P}_{01} = \frac{P_1 - P_0}{P_0} \cdot 100 = \frac{52 - 50}{50} \cdot 100 = 4(\%)$$

Aufgabe 4-17: Inflationsrate (2)

Das Preisniveau einer Volkswirtschaft liegt in einer Periode bei $P_0 = 107$. In der nachfolgenden Periode sinkt es auf $P_1 = 96$.
a) Berechnen Sie die Inflationsrate.
b) Erläutern Sie kurz, in was für einer Situation sich die betrachtete Volkswirtschaft befindet.

Lösung

a) Berechnung der Inflationsrate mit Hilfe der Preisniveaus:

$$\hat{P}_{(t-1)t} = \frac{P_t - P_{t-1}}{P_{t-1}} \cdot 100$$

Einsetzen der Werte:

$$\hat{P}_{01} = \frac{P_1 - P_0}{P_0} \cdot 100 = \frac{96 - 107}{96} \cdot 100 = -11{,}46(\%)$$

b) In der betrachteten Volkswirtschaft liegt eine Deflation vor, also eine Situation, in der das Preisniveau nicht steigt, sondern (andauernd) sinkt.

Aufgabe 4-18: Preisindizes (1)

In einer Volkswirtschaft liegen folgende Daten vor:

		Mengeneinheiten	Preis pro Mengeneinheit
Periode 0	Gut A	50	1
	Gut B	40	2
Periode 1	Gut A	25	4
	Gut B	35	5

Berechnen Sie für diese Daten den Preisindex nach Laspeyres und den Preisindex nach Paasche.

Lösung

Berechnung des Preisindex nach Laspeyres:

$$P_L = \frac{\sum_i p_i^t \cdot x_i^{t-1}}{\sum_i p_i^{t-1} \cdot x_i^{t-1}} = \frac{p_A^1 \cdot x_A^0 + p_B^1 \cdot x_B^0}{p_A^0 \cdot x_A^0 + p_B^0 \cdot x_B^0}$$

Einsetzen der Werte:

$$P_L = \frac{4 \cdot 50 + 5 \cdot 40}{1 \cdot 50 + 2 \cdot 40} = 3{,}08$$

Berechnung des Preisindex nach Paasche:

$$P_P = \frac{\sum_i p_i^t \cdot x_i^t}{\sum_i p_i^{t-1} \cdot x_i^t} = \frac{p_A^1 \cdot x_A^1 + p_B^1 \cdot x_B^1}{p_A^0 \cdot x_A^1 + p_B^0 \cdot x_B^1}$$

Einsetzen der Werte:

$$P_P = \frac{4 \cdot 25 + 5 \cdot 35}{1 \cdot 25 + 2 \cdot 35} = 2{,}89$$

Aufgabe 4-19: Preisindizes (2)

In einer Volkswirtschaft liegen folgende Daten vor:

		Mengeneinheiten	Preis pro Mengeneinheit
Periode 0	Gut A	100	10
	Gut B	150	8
	Gut C	120	12
	Gut D	200	6
Periode 1	Gut A	125	11
	Gut B	140	10
	Gut C	90	11
	Gut D	300	7

Berechnen Sie für diese Daten den Preisindex nach Laspeyres und den Preisindex nach Paasche.

Lösung

Berechnung des Preisindex nach Laspeyres:

$$P_L = \frac{\sum_i p_i^t \cdot x_i^{t-1}}{\sum_i p_i^{t-1} \cdot x_i^{t-1}} = \frac{p_A^1 \cdot x_A^0 + p_B^1 \cdot x_B^0 + p_C^1 \cdot x_C^0 + p_D^1 \cdot x_D^0}{p_A^0 \cdot x_A^0 + p_B^0 \cdot x_B^0 + p_C^0 \cdot x_C^0 + p_D^0 \cdot x_D^0}$$

Einsetzen der Werte:

$$P_L = \frac{11 \cdot 100 + 10 \cdot 150 + 11 \cdot 120 + 7 \cdot 200}{10 \cdot 100 + 8 \cdot 150 + 12 \cdot 120 + 6 \cdot 200} = \frac{5320}{4840} = 1{,}10$$

Berechnung des Preisindex nach Paasche:

$$P_P = \frac{\sum_i p_i^t \cdot x_i^t}{\sum_i p_i^{t-1} \cdot x_i^t} = \frac{p_A^1 \cdot x_A^1 + p_B^1 \cdot x_B^1 + p_C^1 \cdot x_C^1 + p_D^1 \cdot x_D^1}{p_A^0 \cdot x_A^1 + p_B^0 \cdot x_B^1 + p_C^0 \cdot x_C^1 + p_D^0 \cdot x_D^1}$$

Einsetzen der Werte:

$$P_P = \frac{11 \cdot 125 + 10 \cdot 140 + 11 \cdot 90 + 7 \cdot 300}{10 \cdot 125 + 8 \cdot 140 + 12 \cdot 90 + 6 \cdot 300} = \frac{5865}{5250} = 1{,}12$$

Aufgabe 4-20: Preisindizes (3)

Erläutern Sie, welche Probleme bei der Messung der Inflationsrate durch Preisindizes auftreten können.

Lösung

Die Messung der Inflationsrate durch Preisindizes erfolgt in der Regel unter der Verwendung von Warenkörben. Hierdurch können jedoch Probleme entstehen, insbesondere dann, wenn diese Warenkörbe nicht die aktuelle Marktentwicklung abbilden. Konkret kann dies bedeuten, dass

– Qualitätsverbesserungen nicht angemessen berücksichtigt werden,
– neue Güter keinen Eingang in den Warenkorb finden,
– die Auswahl der Güter nicht der tatsächlichen Nachfragesituation entspricht,
– nicht die relevanten Preise berücksichtigt werden.

4.2.2 Kompakttraining zu Kapitel 4.2

Sind die folgenden Aussagen richtig oder falsch?

a) Bei einer Steuerschätzung für das kommende Jahr handelt es sich um eine ex ante-Analyse.
b) Bestandsgrößen erfassen ökonomische Größen pro Zeiteinheit.
c) In einer geschlossenen Volkswirtschaft ohne jegliche Wirtschaftsbeziehungen zum Ausland sind die Ergebnisse von Inländerkonzept und Inlandskonzept der VGR identisch.
d) Das Bruttoinlandsprodukt gemäß der Bestimmung über die Entstehungsseite ist immer größer als das Bruttoinlandsprodukt gemäß der Bestimmung über die Verwendungsseite.
e) In der VGR werden keinerlei staatliche Aktivitäten berücksichtigt.
f) Die Preisindizes nach Paasche und Laspeyres haben immer denselben Wert.
g) Der Preisindex nach Paasche berücksichtigt die Mengen des Basisjahres.
h) Der Preisindex nach Laspeyres berücksichtigt die Preise des Basisjahres.
i) Das reale BIP berücksichtigt keine Veränderungen der produzierten Mengen.
j) Die Abkürzung FISIM steht für „Finanzserviceleistungen indirekte Messung".

Lösung

a) Richtig.
b) Falsch. *Hinweis: Ökonomische Größen pro Zeiteinheit werden als Stromgrößen bezeichnet. Bestandsgrößen sind hingegen die Werte der ökonomischen Größen zu einem bestimmten Zeitpunkt. Beispielsweise handelt es sich bei den Ausga-*

*ben pro Jahr um eine Stromgröße und bei dem Kontostand am Jahresende um
eine Bestandsgröße.*

c) Richtig.

d) Falsch. *Hinweis: Entstehungs- und Verwendungsseite müssen bei der Berechnung des Bruttoinlandsproduktes immer übereinstimmen. Letztendlich kann
nur tatsächlich entstandenes Vermögen verwendet werden.*

e) Falsch. *Hinweis: Auch staatliche Aktivitäten gehen in die VGR ein. Dies betrifft
sowohl die Tätigkeiten des Staates, die dieser aufgrund seines Gewaltmonopols
wahrnimmt wie die Erhebung von Steuern und die Gewährung von Subventionen, als auch Aktivitäten des Staates, die dieser im Rahmen der Wirtschaftsprozesse betreibt wie die staatliche Produktion bestimmter (öffentlicher) Güter
und die staatlichen Konsumausgaben.*

f) Falsch. *Hinweis: Die Preisindizes nach Paasche und Laspeyres unterscheiden
sich sowohl im Zähler als auch im Nenner. Aus diesem Grunde können sie zu
unterschiedlichen Werten führen.*

g) Falsch. *Hinweis: Der Preisindex nach Paasche berücksichtigt im Zähler die
Preise und Mengen des Berichtsjahres und im Nenner die Preise des Basisjahres und die Mengen des Berichtsjahres. Die Mengen des Basisjahres gehen nur
in den Preisindex nach Laspeyres ein.*

h) Richtig.

i) Falsch. *Hinweis: Das reale BIP berücksichtigt ausschließlich Mengenveränderun-
gen, Preisänderungen werden hingegen eliminiert. So soll das reale BIP Aussagen
über die tatsächliche reale Entwicklung einer Volkswirtschaft ermöglichen.*

j) Richtig.

4.3 Gütermarkt

In diesem Kapitel lernen Sie mit dem Gütermarkt und dem Arbeitsmarkt die ersten
beiden Märkte, die üblicherweise in eine gesamtwirtschaftliche Analyse einbezogen
werden, detaillierter kennen. Zusammen mit dem Geldmarkt bilden diese beiden
Märkte das Grundgerüst der makroökonomischen Totalanalyse. Da Ihnen auch
diese Form der makroökonomischen Analyse im weiteren Verlauf Ihres Studiums
immer wieder begegnen wird, lohnt es sich auf jeden Fall auch hier, die Grundlagen gründlich zu studieren. Auf dem Gütermarkt treffen das gesamtwirtschaftliche
Angebot und die gesamtwirtschaftliche Nachfrage aufeinander. Das Angebot ist
neben der Produktionstechnologie insbesondere von der Verfügbarkeit der Produktionsfaktoren abhängig; in diesem Zusammenhang ist auch der Arbeitsmarkt als
„Bezugsquelle" des Produktionsfaktors Arbeit zu berücksichtigen. Die Nachfrage
setzt sich aus den Nachfragen der Haushalte, der Unternehmen und des Staates zu-

sammen. Diese wirken sich nicht nur auf das Gütermarktgleichgewicht der aktuellen Periode aus, sondern beeinflussen auch die folgenden Perioden. Dies wird mithilfe des Multiplikatorprozesses analysiert. Die Analyse der IS-Kurve, also des geometrischen Ortes aller Gütermarktgleichgewichte, schließt diesen Abschnitt ab.

Schlüsselbegriffe: Konjunktur, Wachstum, Boom, Depression, Rezession, Expansion, Trend, neoklassische Produktionsfunktion, gesamtwirtschaftliches Güterangebot, Arbeitsnachfrage, Arbeitsangebot, gesamtwirtschaftliche Nachfrage, Investitionsnachfrage, Staatsnachfrage, Konsumnachfrage, Ersparnis, Gütermarktgleichgewicht, Multiplikator, Stabilisierungsaufgabe des Staates, zinsabhängige Investitionen, IS-Kurve

4.3.1 Aufgaben und Lösungen zu Kapitel 4.3

Aufgabe 4-21: Konjunktur und Wachstum

Unter Konjunkturschwankungen versteht man üblicherweise systemimmanente Schwankungen des gesamtwirtschaftlichen Outputs um den gleichgewichtigen Wachstumspfad einer Volkswirtschaft (Trend).

Ordnen Sie die Ziffern in der folgenden Abbildung den entsprechenden Phasen des Konjunkturzyklus zu.

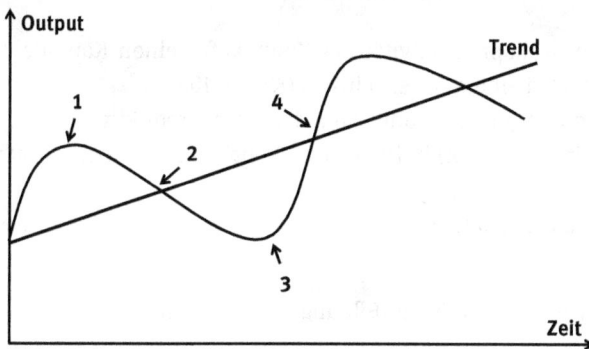

Lösung

1) Boom.
2) Rezession.
3) Depression.
4) Expansion.

Aufgabe 4-22: Gesamtwirtschaftliche neoklassische Produktionsfunktion (1)
Welche der folgenden Eigenschaften treffen auf die gesamtwirtschaftliche neoklassische Produktionsfunktion zu?
a) Die Produktionsfunktion weist konstante Grenzerträge auf.
b) Die Grenzproduktivität eines Faktors ist immer positiv.
c) Die Produktionsfaktoren sind gegeneinander vollständig substituierbar.
d) Die Grenzproduktivität eines Faktors nimmt mit einer Erhöhung seiner Faktoreinsatzmenge zu.

Lösung
a) Falsch. *Hinweis: Die Grenzerträge nehmen ab.*
b) Richtig.
c) Falsch. *Hinweis: Die Substituierbarkeit ist nur innerhalb gewisser Grenzen ge-*
geben. Vollständige Substituierbarkeit, also die Möglichkeit, das Gut auch nur
mithilfe eines Produktionsfaktors unter vollständigem Verzicht auf den ande-
ren Produktionsfaktor zu produzieren, liegt nicht vor.
d) Falsch. *Hinweis: Die Grenzproduktivität geht in diesem Fall zurück.*

Aufgabe 4-23: Gesamtwirtschaftliche neoklassische Produktionsfunktion (2)
Gegeben sei die folgende gesamtwirtschaftliche neoklassische Produktionsfunktion:

$$Y(N,K) = 50 \cdot N^{\frac{1}{2}} \cdot K^{\frac{1}{2}}$$

a) Berechnen Sie die Grenzproduktivität des Kapitals für einen Kapitaleinsatz
(K) in Höhe von 100 bei einem Arbeitseinsatz (N) von 100.
b) Bestimmen Sie die marginale Veränderung der Grenzproduktivität des Kapitals für einen Kapitaleinsatz (K) in Höhe von 100 bei einem Arbeitseinsatz (N)
in Höhe von 100.
c) Interpretieren Sie die Ergebnisse.

Lösung
a) Berechnung der Grenzproduktivität (Bildung der ersten Ableitung):

$$Y_K = 50 \cdot N^{\frac{1}{2}} \cdot \frac{1}{2} \cdot K^{-\frac{1}{2}} = 50 \cdot 100^{\frac{1}{2}} \cdot \frac{1}{2} \cdot 100^{-\frac{1}{2}} = 25$$

b) Berechnung der Veränderung der Grenzproduktivität (Bildung der zweiten Ableitung):

$$Y_{KK} = 50 \cdot N^{\frac{1}{2}} \cdot \frac{1}{2} \cdot \left(-\frac{1}{2}\right) \cdot K^{-\frac{3}{2}} = 50 \cdot 100^{\frac{1}{2}} \cdot \frac{1}{2} \cdot \left(-\frac{1}{2}\right) \cdot 100^{-\frac{3}{2}} = -\frac{1}{8}$$

c) Die Grenzproduktivität des Faktors Kapital weist eine positive ($Y_K > 0$), aber abnehmende ($Y_{KK} < 0$) Steigung auf. D. h., die Produktivität steigt, aber die Produktivitätszuwächse werden kleiner.

Bei einem Arbeitseinsatz von 100 Einheiten und einem Kapitaleinsatz von 100 Einheiten führt ein Mehreinsatz einer infinitesimal kleinen Einheit Kapital zu einer Erhöhung des Outputs um 25 Einheiten.

Diese Zunahme des Outputs ist nicht konstant, sondern nimmt mit jedem weiteren Kapitaleinsatz betragsmäßig ab. Bei einem Arbeitseinsatz von 100 Einheiten und einem Kapitaleinsatz von 100 Einheiten beträgt dieser Rückgang $\frac{1}{8}$.

Aufgabe 4-24: Arbeitsmarkt (1)

Wer tritt auf dem Arbeitsmarkt als Anbieter auf und wer als Nachfrager?

Lösung

Arbeitsanbieter sind die privaten Haushalte, die ihre Arbeitskraft zur Verfügung stellen wollen, Arbeitsnachfrager sind die Unternehmen (und der Staat), die den Produktionsfaktor Arbeit für ihre Produktionsprozesse benötigen.

Hinweis: Die volkswirtschaftliche Sichtweise weicht hier von der umgangssprachlichen Herangehensweise ab: Obwohl die privaten Haushalte Arbeit suchen, sind sie hier die Anbieter. Ebenso sind die Unternehmen (und der Staat) Nachfrager, obwohl sie Jobs anbieten.

Aufgabe 4-25: Arbeitsmarkt (2)

In dieser Aufgabe geht es um die Arbeitsnachfrage der Unternehmen bei vollkommener Konkurrenz. Der Unternehmensgewinn ist definiert als

$$Q = Y(N, \bar{K}) - \frac{W}{P} \cdot N - i \cdot \bar{K} \quad \text{mit} \quad Y_{NN}, Y_{\overline{KK}} < 0 < Y_N, Y_{\bar{K}}, Y_{N\bar{K}}.$$

Hierbei stehen Q für den Unternehmensgewinn, Y für den Output, N für den jeweiligen Einsatz des Produktionsfaktors Arbeit, $\bar{K}$ für den konstanten Einsatz des Produktionsfaktors Kapital, $\frac{W}{P}$ für den Reallohn und i für den Zins.

a) Stellen Sie in dem folgenden Diagramm den Verlauf der Arbeitsnachfrage-
kurve (N^d) dar und verdeutlichen Sie die Auswirkungen einer Erhöhung des
Preisniveaus (P).

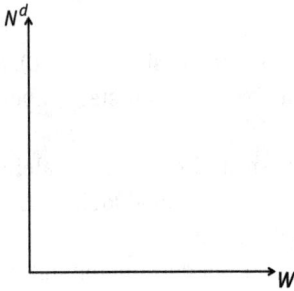

b) Berechnen Sie die Bedingungen für den optimalen Arbeitseinsatz des
Unternehmens.

Lösung

a)

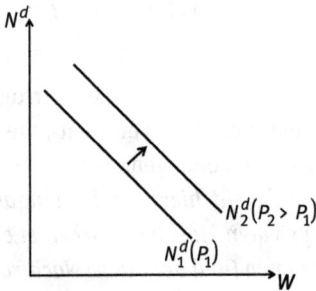

b) Die Unternehmen verfolgen das Ziel, durch die Wahl des Arbeitseinsatzes
ihren Gewinn zu maximieren, was durch die gegebene Gewinnfunktion determiniert ist.

Berechnung des Gewinnmaximums:

$$Q = Y(N, \bar{K}) - \frac{W}{P} \cdot N - i \cdot \bar{K}$$

Berechnung des Grenzgewinns (Bildung der ersten Ableitung):

$$\frac{dQ}{dN} = Y_N(N, \bar{K}) - \frac{W}{P}$$

Berechnung des optimalen Arbeitseinsatzes:

$$\frac{dQ}{dN} = 0$$

$$Y_N(N, \bar{K}) - \frac{W}{P} = 0$$

$$Y_N(N, \bar{K}) = \frac{W}{P}$$

Dies bedeutet, dass die Grenzproduktivität der Arbeit dem Reallohn entsprechen muss. Eine zusätzlich eingesetzte Einheit Arbeit muss mindestens ihre Kosten decken.

Lernhilfe 4: Berechnung der Multiplikatoren

Allgemein geht es bei der Bestimmung eines Multiplikators darum, eine Antwort auf die Frage zu finden, wie sich die Veränderung einer Größe auf eine andere Größe auswirkt.

Derartige Fragestellung haben Sie in den vorangegangenen Abschnitten häufig mithilfe einfacher Ableitungen analysiert. Dieses Verfahren kommt jedoch schnell an seine Grenzen: Problematisch wird es immer dann, wenn Sie Situationen analysieren wollen, in denen mehrere Größen in komplexen Verbindungen zueinanderstehen.

In diesen Fällen benötigen Sie zur Analyse das totale Differential.

Dies gilt auch für die Analyse des Gütermarktes. Aus diesem Grund nutzen wir in dieser Lernhilfe dieses Beispiel als Ausgangspunkt:

$$Y = c \cdot (Y - \bar{T}) + C^a + \bar{I} + \bar{G}$$

1. Zunächst werden mithilfe des totalen Differentials alle potenziell möglichen Veränderungen notiert:

$$dY = c \cdot dY - c \cdot d\bar{T} + dC^a + d\bar{I} + d\bar{G}$$

2. Anschließend werden alle Veränderungen, die nicht stattfinden, gleich null gesetzt. Es wird also eine Isolierung der relevanten Größe durch Nullsetzen aller anderen exogenen Veränderungen vorgenommen. Soll beispielsweise der Einfluss einer Veränderung der Staatsausgaben auf das Einkommen bestimmt werden, so müssen die Einflüsse von Steuern, autonomem Konsum und Investitionen ausgeschaltet werden:

$$d\bar{T}, dC^a, d\bar{I} = 0$$
$$dY = c \cdot dY - c \cdot 0 + 0 + 0 + d\bar{G}$$
$$dY = c \cdot dY + d\bar{G}$$

3. Nun kann die vereinfachte Gleichung nach dem gesuchten Ausdruck $\frac{dY}{dG}$ umgestellt werden:

$$(1 - c) \cdot dY = d\bar{G}$$

$$dY = \frac{1}{1 - c} \cdot d\bar{G}$$

$$\frac{dY}{d\bar{G}} = \frac{1}{1 - c}$$

Aufgabe 4-26: Konsumnachfrage

Gegeben seien folgende Daten zum Konsum- und Sparverhalten der privaten Haushalte:

Verfügbares Einkommen (Y)	Konsumnachfrage (C)	Ersparnis (S)
1000	800	200
1500	1100	400
2000	1400	600

(Anmerkungen: Es wird davon ausgegangen, dass der Staat sein Besteuerungs-recht nicht wahrnimmt.)

Berechnen Sie die marginale Konsumquote (c) und die marginale Sparquote (s) für die gegebenen Daten.

Lösung

Berechnung der marginalen Konsumquote:

$$c = \frac{\Delta C}{\Delta Y} = \frac{300}{500} = 0{,}6$$

Berechnung der marginalen Sparquote:

$$s = \frac{\Delta S}{\Delta Y} = \frac{200}{500} = 0{,}4$$

Aufgabe 4-27: Einflussfaktoren auf dem Gütermarkt

Welche der folgenden Aussagen zum Gütermarkt sind korrekt?

a) Die marginale Konsumquote wird durch das Verhältnis von Konsum und ver-fügbarem Einkommen ausgedrückt.

b) Die marginale Konsumquote ist stets größer als 1, da mit steigendem Einkom-men mehr konsumiert wird.

c) Nettoinvestitionen erhöhen die Produktionskapazitäten in der nächsten Periode.

d) Die Staatsnachfrage besteht lediglich aus Investitionen.

e) Ersatzinvestitionen beeinflussen die gesamtwirtschaftliche Nachfrage nicht.

Lösung

a) Falsch. *Hinweis: Die marginale Konsumquote bezieht sich auf das Verhältnis von zusätzlichem Konsum und zusätzlich verfügbarem Einkommen. Es werden hier das Verhältnis der Veränderungen der beiden Größen Konsum und Einkommen analysiert.*

b) Falsch. *Hinweis: Eine marginale Konsumquote, die größer als 1 ist, bedeutet, dass das Wirtschaftssubjekt nicht nur das neue zusätzlich verfügbare Einkommen vollständig für zusätzlichen Konsum verwendet, sondern darüber hinaus weiteren Konsum tätigt, den es mit anderen Mitteln finanzieren muss. Eine marginale Konsumquote, die kleiner als 1 ist, bedeutet, dass das Wirtschaftssubjekt nur einen Teil des neuen zusätzlich verfügbaren Einkommens für zusätzlichen Konsum verwendet. Dies ist bei steigenden Einkommen häufig der Fall, da die Wirtschaftssubjekte häufig nicht nur mehr konsumieren, sondern auch mehr sparen als in der Ausgangssituation.*

c) Richtig.

d) Falsch. *Hinweis: Neben Investitionsausgaben, die zum Beispiel beim Bau neuer Straßen oder Schulen getätigt werden, tätigt der Staat auch umfangreiche Konsumausgaben. Hierzu gehören unter anderem die Gehälter der Beamten oder andere laufende Kosten.*

e) Falsch. *Hinweis: Auch Ersatzinvestitionen gehen in der Periode, in der sie nachgefragt werden, in die gesamtwirtschaftliche Nachfrage ein. Da sie aber nur getätigt werden, um kaputte Maschinen etc. zu ersetzen und den bestehenden Produktionsapparat auf dem gleichen Niveau zu erhalten, dienen sie anders als Nettoinvestitionen nicht der Vergrößerung des Kapitalstocks. Ersatzinvestitionen verändern damit nicht die Produktionskapazität in den Folgeperioden.*

Aufgabe 4-28: Formale Analyse des Gütermarktes (1)

In einer Volkswirtschaft sind folgende Werte für den autonomen Konsum (C^a), die Konsumneigung (c), die Staatsausgaben ($\bar{G}$), die Steuerzahlungen ($\bar{T}$) und die Investitionen ($\bar{I}$) bekannt:

$$C^a = 8$$
$$c = 0,8$$
$$\bar{G} = 9$$
$$\bar{T} = 10$$
$$\bar{I} = 10$$

a) Berechnen Sie das Vollbeschäftigungseinkommen, das in dieser Situation erreicht wird.

b) Berechnen Sie den Staatsausgabenmultiplikator, also die gesamte Zunahme der Einkommen, die erzielt wird, wenn die Staatsausgaben ceteris paribus um eine Einheit erhöht werden.

Lösung

a) Berechnung des Vollbeschäftigungseinkommens:

$$Y = c \cdot (Y - \bar{T}) + C^a + \bar{I} + \bar{G}$$

Einsetzen der Werte:

$$Y = 0,8 \cdot (Y - 10) + 8 + 10 + 9$$

Auflösen nach Y:

$$Y = 0,8 \cdot Y - 8 + 8 + 10 + 9$$
$$0,2 \cdot Y = 19$$
$$Y = 95$$

b) Herleitung des Staatsausgabenmultiplikators:

$$Y = c \cdot (Y - \bar{T}) + C^a + \bar{I} + \bar{G}$$

Bildung des totalen Differentials:

$$dY = c \cdot dY - c \cdot d\bar{T} + dC^a + d\bar{I} + d\bar{G}$$

Isolierung des Einflusses der Staatsausgaben durch Nullsetzen aller anderen exogenen Veränderungen:

$$d\bar{T}, dC^a, d\bar{I} = 0$$

Einsetzen in das totale Differential:

$$dY = c \cdot dY - c \cdot 0 + 0 + 0 + d\bar{G}$$
$$dY = c \cdot dY + d\bar{G}$$

Auflösen nach $\frac{dY}{dG}$:

$$(1-c) \cdot dY = d\bar{G}$$
$$dY = \frac{1}{1-c} \cdot d\bar{G}$$
$$\frac{dY}{d\bar{G}} = \frac{1}{1-c}$$

Einsetzen der Werte:

$$\frac{dY}{d\bar{G}} = \frac{1}{1-0,8} = \frac{1}{0,2} = 5$$

Aufgabe 4-29: Formale Analyse des Gütermarktes (2)

In einer Volkswirtschaft sind folgende Werte für den autonomen Konsum (C^a), die Konsumneigung (c), die Staatsausgaben ($\bar{G}$), die Steuerzahlungen ($\bar{T}$) und die Investitionen (I) bekannt:

$$Y = 100$$
$$C^a = 10$$
$$\bar{G} = 8$$
$$\bar{T} = 20$$
$$\bar{I} = 12$$

a) Berechnen Sie die gleichgewichtige Konsumquote, die in dieser Situation vorliegt.
b) Berechnen Sie den Investitionsausgabenmultiplikator, also die gesamte Zunahme der Einkommen, die erzielt wird, wenn die Investitionen ceteris paribus um eine Einheit erhöht werden.

Lösung

a) Berechnung der gleichgewichtigen Konsumquote:

$$Y = c \cdot (Y - \bar{T}) + C^a + \bar{I} + \bar{G}$$

Einsetzen der Werte:

$$100 = c \cdot (100 - 20) + 10 + 12 + 8$$

Auflösen nach c:

$$100 = c \cdot 80 + 30$$
$$c \cdot 80 = 70$$
$$c = 0{,}875$$

b) Herleitung des Investitionsausgabenmultiplikators:

$$Y = c \cdot (Y - \bar{T}) + C^a + \bar{I} + \bar{G}$$

Bildung des totalen Differentials:

$$dY = c \cdot dY - c \cdot d\bar{T} + dC^a + d\bar{I} + d\bar{G}$$

Isolierung des Einflusses der Investitionen durch Nullsetzen aller anderen exogenen Veränderungen:

$$d\bar{T}, dC^a, d\bar{G} = 0$$

Einsetzen in das totale Differential:

$$dY = c \cdot dY - c \cdot 0 + d \cdot 0 + d\bar{I} + 0$$
$$dY = c \cdot dY + d\bar{I}$$

Auflösen nach $\frac{dY}{d\bar{I}}$:

$$(1 - c) \cdot dY = d\bar{I}$$
$$dY = \frac{1}{1 - c} \cdot d\bar{I}$$
$$\frac{dY}{d\bar{I}} = \frac{1}{1 - c}$$

Einsetzen der Werte:

$$\frac{dY}{d\bar{I}} = \frac{1}{1 - 0{,}875} = \frac{1}{0{,}125} = 8$$

Aufgabe 4-30: Veränderung der gesamtwirtschaftlichen Nachfrage

In dieser Aufgabe geht es um die Veränderung der gesamtwirtschaftlichen Nachfrage. Betrachtet wird eine einmalige Erhöhung der Investitionsnachfrage um 3 Einheiten in Periode 1. Es wird eine marginale Konsumquote von 0,8 unterstellt.

a) Welche Veränderungen der gesamtwirtschaftlichen Nachfrage ergeben sich aufgrund der beschriebenen Erhöhung der Investitionen in Periode 2?

b) Welche Veränderungen der gesamtwirtschaftlichen Nachfrage ergeben sich aufgrund der beschriebenen Erhöhung der Investitionen in Periode 3?

c) Welche Veränderungen der gesamtwirtschaftlichen Nachfrage bewirkt die beschriebene Erhöhung der Investitionen insgesamt (über alle Perioden)?

Lösung

Die einmalige Erhöhung der Investitionsnachfrage sorgt in den Folgeperioden für eine Veränderung der Produktionskapazitäten und damit auch der Einkommen. Die zusätzlich entstandenen Einkommen werden auch im Konsum wirksam.

a) Berechnung der Veränderungen in Periode 2:

$$dY_2 = c \cdot dY_1 = c \cdot dI = 0{,}8 \cdot 3 = 2{,}4$$

b) Berechnung der Veränderungen in Periode 3:

$$dY_3 = c \cdot dY_2 = c \cdot (c \cdot dI) = 0{,}8 \cdot 0{,}8 \cdot 3 = 1{,}92$$

c) Die Gesamtwirkung der einmaligen Erhöhung der Investitionsnachfrage lässt sich mithilfe des entsprechenden Multiplikators berechnen:

$$\frac{dY}{dI} = \frac{1}{1-c} = 5$$

Hinweis: Ausführliche Übungen zur Berechnung des Multiplikators finden Sie in den Aufgaben 4–28 und 4–29.

Dieser Multiplikator gibt an, um wie viel sich die Gesamtnachfrage insgesamt verändert, wenn die Investitionsnachfrage um eine Einheit erhöht wird. Die hier betrachtete Erhöhung der Investitionsnachfrage um 3 Einheiten sorgt also für eine Erhöhung der gesamtwirtschaftlichen Nachfrage um insgesamt $dY = \frac{1}{1-c} \cdot dI = 5 \cdot 3 = 15$ Einheiten.

Aufgabe 4-31: Grafische Analyse des Gütermarktes

Gegeben sei eine grafische Darstellung des Gütermarktmodells:

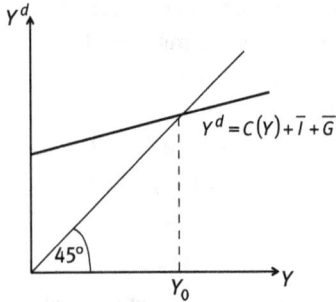

Welche der folgenden Aussagen zu diesem Modell sind korrekt?

a) Eine Erhöhung der marginalen Sparquote verschiebt die Gesamtnachfrage parallel nach unten.

b) Eine Senkung der marginalen Konsumquote verringert die Steigung der Gesamtnachfrage.

c) Eine Senkung der Investitionsnachfrage verschiebt die 45°-Linie parallel nach unten.

d) Eine Erhöhung der Staatsausgaben verschiebt die Gesamtnachfrage parallel nach oben.

e) Eine Senkung der Steuern verschiebt die Gesamtnachfrage parallel nach unten.

Lösung

a) Falsch. *Hinweis: Eine Erhöhung der marginalen Sparquote bedeutet gleichzeitig eine Senkung der marginalen Konsumquote und damit eine Verringerung der Steigung der Gesamtnachfrage.*

b) Richtig.

c) Falsch. *Hinweis: Eine Senkung der Investitionsnachfrage führt zu einer Verschiebung der Gesamtnachfrage nach unten, die 45°-Linie bleibt hiervon unbeeinflusst.*

d) Richtig.

e) Falsch. *Hinweis: Eine Senkung der Steuern bedeutet gleichzeitig eine Erhöhung der Konsumnachfrage und damit eine Verschiebung der Gesamtnachfrage nach oben. Weitergehende Effekte wie eine eventuelle Beeinflussung der Staatsnachfrage bleiben in diesem einfachen Modell unberücksichtigt.*

Aufgabe 4-32: IS-Kurve (1)

Skizzieren Sie in dem folgenden Diagramm eine IS-Kurve. Beschriften Sie hierzu auch die Achsen. Zeichnen Sie außerdem die Veränderungen ein, die sich durch eine Erhöhung des Zinses ergeben.

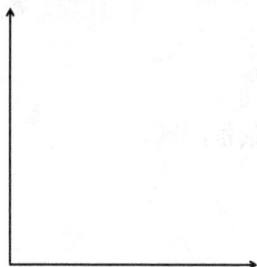

Lösung

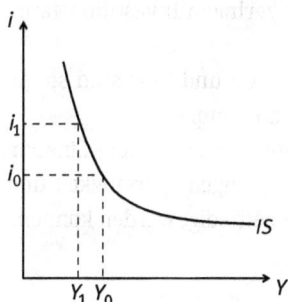

Aufgabe 4-33: IS-Kurve (2)

Die IS-Kurve ist der geometrische Ort aller Kombinationen von Zins und Einkommen, bei denen der Gütermarkt im Gleichgewicht ist. Welche der folgenden Aussagen zur IS-Kurve sind korrekt?

a) Die IS-Kurve hat einen steigenden Verlauf, da zwischen Zins und Einkommen ein positiver Zusammenhang besteht.

b) Eine Erhöhung der Staatsausgaben verschiebt die IS-Kurve nach rechts.

c) Eine Erhöhung der Steuern verschiebt die IS-Kurve nach rechts.

d) Eine Senkung der Geldmenge verschiebt die IS-Kurve nach links.

e) Eine Senkung der Konsumnachfrage verschiebt die IS-Kurve nach rechts.

Lösung

a) Falsch. *Hinweis: Es liegt ein negativer Zusammenhang vor, eine Erhöhung des Zinses bedingt im Gleichgewicht eine gleichzeitige Reduzierung des Einkommens.*

b) Richtig.

c) Falsch. *Hinweis: Eine Erhöhung der Steuern bedeutet gleichzeitig eine Senkung der Konsumnachfrage und damit eine Verschiebung der IS-Kurve nach links. Weitergehende Effekte wie eine eventuelle Beeinflussung der Staatsnachfrage bleiben in diesem einfachen Modell unberücksichtigt.*

d) Falsch. *Hinweis: Die Geldmenge ist kein Lageparameter der IS-Kurve.*

e) Falsch. *Hinweis: siehe c).*

Aufgabe 4-34: IS-Kurve (3)

Was für eine Gütermarktsituation liegt in einem Punkt vor, der

a) oberhalb der IS-Kurve liegt?
b) auf der IS-Kurve liegt?
c) unterhalb der IS-Kurve liegt?

Lösung

a) Es liegt ein Überschussangebot am Gütermarkt vor. Bei gegebenem Einkommen ist der Zins „zu hoch", dies führt zu einer zu geringen Investitionstätigkeit und zu überschüssiger Ersparnis.

b) Es liegt ein Gütermarktgleichgewicht vor. Einkommen und Zins sind so gewählt, dass Investitionstätigkeit und Ersparnis „zusammenpassen".

c) Es liegt eine Überschussnachfrage am Gütermarkt vor. Bei gegebenem Einkommen ist der Zins „zu niedrig", dies führt zu einer zu geringen Spartätigkeit und zu zu großen Investitionsvolumina, welche nicht alle befriedigt werden können.

4.3.2 Kompakttraining zu Kapitel 4.3

Sind die folgenden Aussagen richtig oder falsch?

a) Der langfristige Wachstumspfad einer Volkswirtschaft wird als Trend bezeichnet.
b) Bei einer neoklassischen Produktionsfunktion ist es möglich, einen Produktionsfaktor vollständig durch den anderen Produktionsfaktor zu ersetzen.
c) Auf dem Arbeitsmarkt treten die privaten Haushalte als Nachfrager auf.
d) Das Arbeitsangebot hängt positiv vom Reallohn ab.
e) Die gesamtwirtschaftliche Nachfrage in einer geschlossenen Volkswirtschaft setzt sich aus der Konsumnachfrage der privaten Haushalte, der Investitionsnachfrage und der Staatsnachfrage zusammen.
f) In einer offenen Volkswirtschaft müssen die Importe von der gesamtwirtschaftlichen Güternachfrage abgezogen werden.
g) In einer rezessiven Situation besteht eine Nachfragelücke.

h) Der Staatsausgabenmultiplikator gibt an, welche Veränderungen der gesamtwirtschaftlichen Nachfrage insgesamt aus einer einmaligen Staatsausgabenerhöhung um eine Einheit resultieren.

i) Die IS-Kurve hat einen fallenden Verlauf.

j) Die übliche Darstellung der IS-Kurve geht auf John Hicks zurück.

Lösung

a) Richtig.

b) Falsch. *Hinweis: Die neoklassische Produktionsfunktion gehört zu den substituierbaren Produktionsfunktionen. Dies bedeutet, dass ein bestimmter Output mit unterschiedlichen Kombinationen der eingesetzten Produktionsfaktoren Arbeit und Kapital hergestellt werden kann. Jedoch ist es nicht möglich, einen Produktionsfaktor vollständig durch den anderen Produktionsfaktor zu ersetzen und einen Output nur mittels Kapitaleinsatz bzw. nur mittels Arbeitseinsatz zu erzeugen. Eine Mindestmenge beider Produktionsfaktoren muss verfügbar sein. Beispielsweise kann ein Betrieb kapital- oder arbeitsintensiv produzieren. Eine Produktion, die nur Kapital einsetzt, also eine vollkommene Automatisierung ohne menschliche Mitarbeit, ist hier aber ebenso wenig möglich wie eine Produktion, die nur menschliche Arbeitskraft verwendet, also ohne irgendwelche Materialien auskommt.*

c) Falsch. *Hinweis: Die privaten Haushalte treten als Anbieter von „Arbeit" auf. Arbeit ist hier als Arbeitsbereitschaft bzw. als Tätigkeit zu verstehen, nicht als Arbeitsstelle oder Job.*

d) Richtig.

e) Richtig.

f) Richtig.

g) Richtig.

h) Richtig.

i) Richtig.

j) Richtig.

4.4 Die Rolle des Geldes in der Makroökonomik

Nachdem Sie mit dem Gütermarkt und dem Arbeitsmarkt nun die realwirtschaftliche Seite der Makroökonomik kennengelernt haben, wenden wir uns nun mit dem Geldmarkt dem nächsten grundlegenden Teilbereich der makroökonomischen Analyse zu. In diesem Kapitel lernen Sie zunächst grundlegende Zusammenhänge rund um die volkswirtschaftliche Bedeutung von Geld kennen. Anschließend wenden wir uns zunächst dem Geldangebot und der Rolle der Zentralbank zu, bevor wir ausführlich die Geldnachfrage analysieren. Das Zusammenwirken von Geldangebot und -nachfrage auf dem Geldmarkt und die LM-Kurve als geometrischer Ort eines Geldmarktgleichgewichtes schließen das Kapitel ab.

Schlüsselbegriffe: Geldfunktionen, Geldmengenabgrenzungen, ESZB und Eurosystem, Geldarten, Geldangebot, Geldschöpfungsmultiplikator, Geldnachfrage, Transaktionskasse, Vorsichtskasse, Spekulationskasse, LM-Kurve

4.4.1 Aufgaben und Lösungen zu Kapitel 4.4

Aufgabe 4-35: Geldfunktionen
In der Volkswirtschaftslehre werden dem „Geld" mehrere Funktionen zugeordnet. Welche der folgenden Funktionen gehören zu diesen volkswirtschaftlichen Geldfunktionen?
a) Prestigefunktion
b) Wertaufbewahrungsfunktion
c) Budgetfunktion
d) Rechenmittelfunktion
e) Zahlungsmittelfunktion
f) Vorsorgefunktion

Lösung
a) Falsch.
b) Richtig.
c) Falsch.
d) Richtig.
e) Richtig.
f) Falsch.

Hinweis: Auch wenn mit Geld im alltäglichen Sprachgebrauch zahlreiche Funktionen assoziiert werden, sind die Geldfunktionen im volkswirtschaftlichen Sinne auf die genannten drei Funktionen als Wertaufbewahrungsmittel, Rechenmittel und Tausch- bzw. Zahlungsmittel beschränkt.

Aufgabe 4-36: Geldmengenaggregate
Das in einer Volkswirtschaft umlaufende Geldvolumen wird im Allgemeinen als Geldmenge M bezeichnet.

a) Erläutern Sie, welche differenzierten Geldmengenaggregate das Eurosystem vorsieht.

b) Erläutern Sie, welche Geldfunktionen in den einzelnen Geldmengenaggregaten besonders berücksichtigt werden.

Lösung

a) Das Eurosystem unterscheidet zwischen den Geldmengenaggregaten M1, M2 und M3.

M1: Eng gefasstes Geldmengenaggregat, das den Bargeldumlauf und die täglich fälligen Einlagen umfasst.

M2: Mittleres Geldmengenaggregat, das M1 sowie Einlagen mit einer vereinbarten Kündigungsfrist von bis zu drei Monaten und Einlagen mit einer vereinbarten Laufzeit von bis zu zwei Jahren umfasst.

M3: Weit gefasstes Geldmengenaggregat, das M2 sowie marktfähige Finanzinstrumente, insbesondere Rückkaufsvereinbarungen (Repogeschäfte), Geldmarktfondsanteile und Schuldverschreibungen mit einer Laufzeit von bis zu zwei Jahren umfasst.

b) Für die Abgrenzung M1 ist die Zahlungsmittelfunktion maßgeblich, die hierunter erfassten Mittel können unmittelbar als Zahlungsmittel verwendet werden. Diese Funktion als unmittelbares Zahlungsmittel kann von M2 und M3 nur mit Einschränkungen wahrgenommen werden, da die hierunter erfassten Mittel beispielsweise teilweise Kündigungsfristen unterliegen.

M2 und M3 berücksichtigen im Gegensatz zu M1 jedoch zusätzlich die Geldfunktion der Wertaufbewahrung, sie beziehen bestimmte Vermögenswerte mit ein.

Aufgabe 4-37: Berechnung des Geldangebots (1)

In einer Volkswirtschaft stellt die Zentralbank eine Geldbasis (B) in Höhe von 25000 Geldeinheiten bereit. Der Mindestreservesatz (r) beträgt 0,2, die Bargeldquote[1] (c) 0,6. Berechnen Sie die Geldmenge $M1$, die der Volkswirtschaft insgesamt zur Verfügung steht.

---

1 In der Geldtheorie stehen die Variablen c und C anders als in der Theorie der Gütermärkte nicht für die Konsumneigung bzw. den Konsum, sondern für die Bargeldquote bzw. die Höhe der Bargeldhaltung. So eine „doppelte" oder variierende Verwendung von Variablen wird Ihnen im Laufe Ihres Studiums sicherlich noch häufiger begegnen.

Lösung

Berechnung der Geldmenge $M1$:

$$M1 = \frac{1+c}{r+c} \cdot B$$

Einsetzen der Werte:

$$M1 = \frac{1+0,6}{0,2+0,6} \cdot 25000 = 50000$$

Aufgabe 4-38: Berechnung des Geldangebots (2)

Für eine Volkswirtschaft liegen folgende Daten vor: Der Mindestreservesatz (r) liegt bei 0,1, der üblicherweise von den Haushalten gehaltene Bargeldbestand (C) beträgt 10. Bei dieser Bargeldhaltung halten die Geschäftsbanken Sichteinlagen (D) in Höhe von 1000. Wie viel Zentralbankgeld (B) muss in diesem Fall zur Verfügung gestellt werden, um ein Geldangebot ($M1$) in Höhe von 10000 zu ermöglichen?

Lösung

Berechnung der Bargeldquote:

$$c = \frac{C}{D} = \frac{10}{1000} = 0,01$$

Berechnung der Zentralbankgeldmenge:

$$M1 = \frac{1+c}{r+c} \cdot B$$

Auflösen nach B:

$$B = \frac{r+c}{1+c} \cdot M1$$

Einsetzen der Werte:

$$B = \frac{0,1+0,01}{1+0,01} \cdot 10000 = 1089$$

Aufgabe 4-39: Geldschöpfungsmultiplikator

In einer Volkswirtschaft betragen der Mindestreservesatz (r) 0,3 und die Bargeldquote (c) 0,2.

a) Berechnen Sie den Geldschöpfungsmultiplikator.
b) Interpretieren Sie das Ergebnis.

Lösung

a) Berechnung des Geldschöpfungsmultiplikators:

$$\frac{1+c}{r+c}$$

Einsetzen der Werte:

$$\frac{1+0{,}2}{0{,}3+0{,}2} = 2{,}4$$

b) Dieser Multiplikatorwert drückt aus, dass aus einem Euro, der von der Zentralbank als Zentralbankgeld bereitgestellt wird, durch den Geldschöpfungsprozess maximal eine Geldmenge M1 in Höhe von 2,40 Euro entstehen kann.

Aufgabe 4-40: Komponenten der Geldnachfrage (1)

In der keynesianischen Theorie wird die Geldnachfrage der privaten Haushalte in mehrere Teilbereiche aufgespalten. Welche der folgenden Komponenten gehören zu dieser Geldnachfrage?

a) Spekulationskasse
b) Sparkasse
c) Vorsichtskasse
d) Kreditkasse
e) Rentenkasse

Lösung

a) Richtig.
b) Falsch.
c) Richtig.
d) Falsch.
e) Falsch.

Hinweis: Auch wenn es sicherlich eine sehr große Anzahl verschiedener Motive der Geldhaltung bzw. Geldnachfrage gibt, so ist die Geldnachfrage in der keynesianischen Theorie dennoch auf die drei Teilbereiche der Spekulationskasse, der Vorsichtskasse und der Transaktionskasse festgelegt.

Aufgabe 4-41: Komponenten der Geldnachfrage (2)

Analysieren Sie die drei Komponenten der Geldnachfrage in der keynesianischen Theorie.

a) Mit welchen Motiven wird jeweils die Haltung von Geld begründet?

b) Welche Größen beeinflussen die einzelnen Geldnachfragekomponenten? Welche Wirkungsrichtung haben diese Einflussgrößen jeweils?

Lösung

a) Bei der Transaktionskasse steht die Tauschmittelfunktion im Vordergrund. Wirtschaftssubjekte halten Geld, um sich am Tauschprozess beteiligen zu können.

Bei der Spekulationskasse wird besonders die Wertaufbewahrungsfunktion betont, mit dem Halten von Geld übertragen die Wirtschaftssubjekte Kaufkraft in die Zukunft.

Die Geldhaltung in der Vorsichtskasse resultiert aus dem Bedürfnis der Wirtschaftssubjekte, auch bei unvorhergesehenen Transaktionen liquide zu sein.

b) Die Transaktionskasse hängt positiv vom Einkommen ab, d. h. mit steigendem (sinkendem) Einkommen steigt (sinkt) auch die Nachfrage nach Geld für Transaktionszwecke.

Die Spekulationskasse hängt negativ vom aktuellen Zins ab. Je höher (niedriger) dieser Zins ist, desto geringer (größer) ist die Kassenhaltung aus Spekulationsgründen.

Die Vorsichtskasse hängt positiv vom Einkommen und negativ vom aktuellen Zins ab.

Aufgabe 4-42: Spekulationskasse

Welche der folgenden Aussagen zum Keynes'schen Konzept der Spekulationskasse sind korrekt?

a) Ein Haushalt hält Wertpapiere, wenn er eine Zinssenkung erwartet.

b) Ein Haushalt hält Wertpapiere, wenn er eine Einkommenserhöhung erwartet.

c) Ein Haushalt hält Geld, wenn er einen Rückgang der Wertpapierkurse erwartet.

d) Das Konzept geht davon aus, dass auf dem Geldmarkt ein permanentes Ungleichgewicht vorliegt.

e) Das Konzept geht davon aus, dass auf dem Gütermarkt ein permanentes Ungleichgewicht vorliegt.

Lösung

a) Richtig.

b) Falsch. *Hinweis: Die Spekulationskasse wird nur durch den Zins bestimmt, das Einkommen wird in der entsprechenden Geldnachfragehypothese nicht berücksichtigt.*

c) Richtig.

d) Falsch. *Hinweis: Das Konzept bezieht sich nur auf die Zusammensetzung der Geldnachfrage bzw. ihre Bestimmungsfaktoren. Es beinhaltet keine Zusammenführung von Geldangebot und Geldnachfrage.*

e) Falsch. *Hinweis: Das Konzept bezieht den Gütermarkt nicht mit ein.*

Lernhilfe 5: Die Spekulationskasse

Das Konzept der Spekulationskasse basiert auf den unterschiedlichen Zukunftserwartungen der Wirtschaftssubjekte bezüglich der Entwicklung von Wertpapierkursen und Zinssätzen.

Zinssatz und Wertpapierkurs stehen dabei in einem gegenläufigen Verhältnis.

Jedes Wirtschaftssubjekt hat eigene, individuell unterschiedliche Erwartungen, wie hoch die Zinssätze und damit auch die Wertpapierkurse in der Zukunft sein werden. Diese Erwartungen werden mit den aktuellen Zinssätzen und Wertpapierkursen verglichen. Daraus ergeben sich für jedes Wirtschaftssubjekt entweder eine erwartete Zinssteigerung und damit ein erwarteter Kursrückgang oder eine erwartete Zinssenkung und damit eine erwartete Kurssteigerung.

Die Wirtschaftssubjekte wollen nur Wertpapiere halten, wenn sie erwarten, dass sich diese Entscheidung in der Zukunft rentiert. Wenn sie hingegen befürchten müssen, in eine unrentable Anlage zu investieren, ziehen sie es vor, ihr Geld in der Spekulationskasse zu belassen und abzuwarten.

Wenn bei der Wertpapieranlage mit Kurssteigerungen zu rechnen ist, ist diese Anlageform rentabel, der Wert der Papiere steigt in der Zukunft. Ein Wirtschaftssubjekt wird also Wertpapiere kaufen, wenn es zukünftige Kurssteigerungen (und damit Zinssenkungen) erwartet.

Ist hingegen bei der Wertpapieranlage mit Kursrückgängen zu rechnen, ist diese Anlageform unrentabel, da der Wert der Papiere in der Zukunft sinken wird. Ein Wirtschaftssubjekt wird also sein Geld in der Spekulationskasse belassen, wenn es zukünftige Kursverluste (und damit Zinssteigerungen) erwartet.

Hinweis: Diesen Erläuterungen liegt eine stark vereinfachte Entscheidungsregel zugrunde. Eine exakte mathematische Analyse führt zu dem Ergebnis, dass ein Wirtschaftssubjekt genau dann Wertpapiere mit einem festen Ertrag von einer Geldeinheit kauft, wenn gilt: $1 + \frac{1}{i^e} - \frac{1}{i} > 0$. Bei einfachen Beispielen, wie Sie sie auch in den nachfolgenden Übungen kennenlernen werden, führen aber sowohl die vereinfachte Entscheidungsregel als auch die exakte mathematische Analyse zum gleichen Ergebnis.

Aufgabe 4-43: Berechnung der Spekulationskasse (1)

Gegeben sind drei Wirtschaftssubjekte A, B und C, die jeweils 100 Euro zu Anlagezwecken zur Verfügung haben. Sie können dieses Geld entweder in Wertpapieren anlegen oder als Spekulationskasse halten. Die Erwartungen der drei Wirtschaftssubjekte bezüglich der in der Zukunft zu erwartenden Zinssätze (i^e) sind unterschiedlich:

	i^e
A	3 %
B	8 %
C	5 %

Bestimmen Sie für die folgenden heutigen Marktzinsen (i) jeweils die aggregierte Geldnachfrage für die Spekulationskasse.

a) $i = 2\%$
b) $i = 7\%$
c) $i = 4\%$

Lösung

a) 300 Euro. *Hinweis: Alle Wirtschaftssubjekte erwarten Zinssteigerungen und damit Kurssenkungen. Sie entscheiden sich für die Geldhaltung.*

b) 100 Euro. *Hinweis: Das Wirtschaftssubjekt B erwartet Zinssteigerungen und damit Kurssenkungen. Es entscheidet sich für die Geldhaltung. Die Wirtschaftssubjekte A und C hingegen erwarten Zinssenkungen und damit Kurssteigerungen. Sie entscheiden sich daher für die Wertpapieranlage.*

c) 200 Euro. *Hinweis: Die Wirtschaftssubjekte B und C erwarten Zinssteigerungen und damit Kurssenkungen. Sie entscheiden sich für die Geldhaltung. Wirtschaftssubjekt A hingegen erwartet Zinssenkungen und damit Kurssteigerungen. Es entscheidet sich daher für die Wertpapieranlage.*

Aufgabe 4-44: Berechnung der Spekulationskasse (2)

Gegeben sind fünf Wirtschaftssubjekte A, B, C, D und E, die jeweils 100 Euro zu Anlagezwecken zur Verfügung haben. Sie können dieses Geld entweder in Wertpapieren anlegen oder als Spekulationskasse halten. Die Erwartungen der fünf Wirtschaftssubjekte bezüglich der in der Zukunft zu erwartenden Zinssätze (i^e) sind unterschiedlich:

	i^e
A	10 %
B	8 %
C	7 %
D	5 %
E	4 %

Bestimmen Sie für die folgenden heutigen Marktzinsen (i) jeweils die aggregierte Geldnachfrage für die Spekulationskasse.

a) $i = 9\%$
b) $i = 6\%$
c) $i = 11\%$

Lösung

a) 100 Euro. *Hinweis: Die Wirtschaftssubjekte B, C, D und E erwarten Zinssenkungen und damit Kurssteigerungen. Sie entscheiden sich für die Wertpapieranlage. Wirtschaftssubjekt A hingegen erwartet Zinssteigerungen und damit Kurssenkungen. Es entscheidet sich daher für die Geldhaltung.*

b) 300 Euro. *Hinweis: Die Wirtschaftssubjekte D und E erwarten Zinssenkungen und damit Kurssteigerungen. Sie entscheiden sich für die Wertpapieranlage. Die Wirtschaftssubjekte A, B und C hingegen erwarten Zinssteigerungen und damit Kurssenkungen. Sie entscheiden sich daher für die Geldhaltung.*

c) 0 Euro. *Hinweis: Alle Wirtschaftssubjekte erwarten Zinssenkungen und damit Kurssteigerungen. Sie entscheiden sich alle daher für die Wertpapieranlage.*

Aufgabe 4-45: Geldnachfragehypothese

Stellen Sie die vollständige Geldnachfragehypothese auf.

Lösung

$$L = L^T + L^S + L^V = L(Y) + L(i) + L(Y, i) \quad \text{mit} \quad L_i < 0 < L_Y$$

Die gesamte Geldnachfrage setzt sich aus der Nachfrage nach Transaktionskasse (L^T), der Nachfrage nach Spekulationskasse (L^S) und der Nachfrage nach Vorsichtskasse (L^V) zusammen.

Aufgabe 4-46: Geldmarkt

Für den Geldmarkt gelten folgende Bedingungen:

$$\bar{M} = P \cdot L(Y, i)$$

$$L_Y > 0 > L_i$$

Dabei sei $\bar{M}$ das nominale Geldangebot, P das Preisniveau, L die reale Geldnachfrage, Y das Einkommen und i der Zinssatz.

Verwenden Sie die folgenden Teilgrafiken.

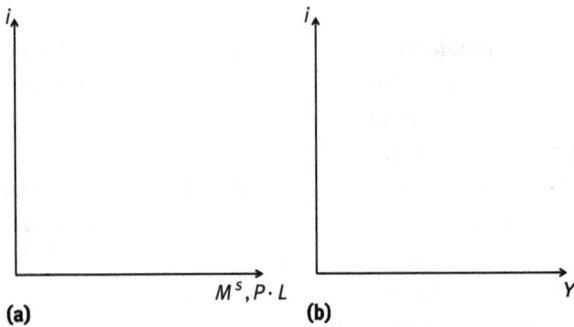

(a) $M^s, P \cdot L$ (b) Y

Stellen Sie in Teilgrafik (a) den Geldmarkt grafisch dar und zeigen Sie die Auswirkungen einer Einkommenserhöhung bei konstantem Preisniveau. Leiten Sie anschließend aus Teilgrafik (a) die LM-Kurve in Teilgrafik (b) ab.

Lösung

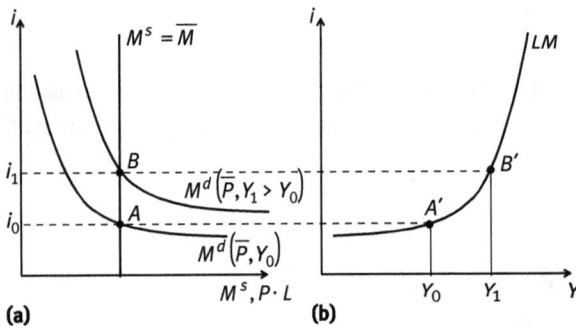

Aufgabe 4-47: LM-Kurve (1)

Die LM-Kurve ist der geometrische Ort aller Kombinationen von Zins und Einkommen, bei denen der Geldmarkt im Gleichgewicht ist. Welche der folgenden Aussagen zur LM-Kurve sind korrekt?

a) Eine Veränderung des Preisniveaus beeinflusst die Lage der LM-Kurve nicht.

b) Eine Veränderung der nominalen Geldmenge beeinflusst die Lage der LM-Kurve nicht.

c) Eine Veränderung der Steuern beeinflusst die Lage der LM-Kurve nicht.

d) Eine Veränderung der Staatsausgaben beeinflusst die Lage der LM-Kurve nicht.

Lösung

a) Falsch. *Hinweis: Das Preisniveau ist ein Lageparameter der LM-Kurve. Eine Erhöhung des Preisniveaus führt zu einer Linksverschiebung, eine Senkung des Preisniveaus zu einer Rechtsverschiebung der LM-Kurve.*

b) Falsch. *Hinweis: Die nominale Geldmenge ist ein Lageparameter der LM-Kurve. Eine Erhöhung der nominalen Geldmenge führt zu einer Rechtsverschiebung, eine Senkung der nominalen Geldmenge zu einer Linksverschiebung der LM-Kurve.*

c) Richtig.

d) Richtig.

Aufgabe 4-48: LM-Kurve (2)

Was für eine Geldmarktsituation liegt in einem Punkt vor, der

a) oberhalb der LM-Kurve liegt?

b) auf der LM-Kurve liegt?

c) unterhalb der LM-Kurve liegt?

Lösung

a) Es liegt ein Überschussangebot am Geldmarkt vor. Bei gegebenem Geldangebot und Preisniveau ist die reale Geldnachfrage „zu niedrig", weil der Zins zu hoch oder das Einkommen zu gering ist.

b) Es liegt ein Geldmarktgleichgewicht vor. Einkommen und Zins sind so gewählt, dass Geldnachfrage und Geldangebot „zusammenpassen".

c) Es liegt eine Überschussnachfrage am Geldmarkt vor. Bei gegebenem Geldangebot und Preisniveau ist die reale Geldnachfrage „zu hoch", weil das Einkommen zu hoch oder der Zins zu niedrig ist.

4.4.2 Kompakttraining zu Kapitel 4.4

Sind die folgenden Aussagen richtig oder falsch?

a) Der monetäre Sektor wird in der makroökonomischen Analyse durch den Wertpapier- und Geldmarkt beschrieben.

b) Geld in seiner Funktion als Numéraire ermöglicht eine bessere Vergleichbarkeit der Preise und reduziert damit die Informationskosten im Vergleich zur realen Tauschwirtschaft.

c) Die Geldmengenabgrenzung im Eurosystem umfasst die Aggregate M1 bis M5.

d) Die Geldmenge M3 beinhaltet unter anderem die Geldmenge M1.

e) Im ESZB treffen die Notenbanken der G8-Staaten zusammen.

f) Unter Geschäftsbankengeld versteht man die Zentralbankgeldbestände, die den Geschäftsbanken zur Verfügung gestellt werden.

g) Die Geldnachfrage setzt sich laut der keynesianischen Theorie aus drei Komponenten zusammen.

h) Auf dem Geldmarkt besteht ein Gleichgewicht, wenn das gesamtwirtschaftliche Zinsniveau und der Weltmarktzins übereinstimmen.

i) Die LM-Kurve ist der geometrische Ort aller Kombinationen von Zins und Einkommen, bei denen sowohl Geld- als auch Gütermarkt im Gleichgewicht sind.

j) Die LM-Kurve hat einen steigenden Verlauf.

Lösung

a) Richtig.

b) Richtig.

c) Falsch. *Hinweis: Die Geldmengenabgrenzung im Eurosystem umfasst lediglich die Aggregate M1, M2 und M3.*

d) Richtig.

e) Falsch. *Hinweis: ESZB steht für „Europäisches System der Zentralbanken". Es umfasst neben der Europäischen Zentralbank alle nationalen Zentralbanken der Mitgliedsstaaten der Europäischen Union, unabhängig davon, ob diese zur Europäischen Währungsunion gehören oder nicht. Einerseits umfasst es damit Staaten, die nicht zu den G8-Staaten gehören, andererseits schließt es die nicht-europäischen G8-Staaten aus.*

f) Falsch. *Hinweis: Geschäftsbankengeld wird von den Geschäftsbanken selbst in Form von Sichtguthaben geschaffen. Es wird auch als Buch- oder Giralgeld bezeichnet.*

g) Richtig.

h) Falsch. *Hinweis: Auf dem Geldmarkt besteht genau dann ein Gleichgewicht, wenn das gesamtwirtschaftliche Geldangebot und die gesamtwirtschaftliche Geldnachfrage übereinstimmen, der sich dabei einstellende Zins ist als Gleichgewichtszins anzusehen.*

i) Falsch. *Hinweis: Die LM-Kurve ist der geometrische Ort aller Kombinationen von Zins und Einkommen, bei denen sich der Geldmarkt im Gleichgewicht befindet. Der Gütermarkt findet keine Berücksichtigung. Gütermarktgleichgewichte werden mit der IS-Kurve abgebildet.*

j) Richtig.

4.5 IS-LM-Analyse

Nachdem Sie nun sowohl den Güter- und Arbeitsmarkt als auch den Geldmarkt detailliert kennengelernt haben, beginnen wir in diesem Kapitel mit einer ersten Zusammenführung beider Bereiche im Rahmen der IS-LM-Analyse. Es soll dabei in erster Linie um eine Vermittlung des Gesamtzusammenhangs, also quasi des Rahmens einer gesamtwirtschaftlichen Analyse gehen. Sollten Sie zu dieser Thematik weitere Übungsaufgaben benötigen, möchten wir Sie auf das in den Literaturempfehlungen genannte Übungsbuch von Wagner und Böhne (2005) verweisen.

Schlüsselbegriffe: Geld- und Gütermarkt bei festem Preisniveau, Staatsausgabenveränderung, Steuererhöhung, Steuersenkung, Geldmengenveränderung, Änderung des Preisniveaus

4.5.1 Aufgaben und Lösungen zu Kapitel 4.5

Aufgabe 4-49: IS-LM-Analyse (1)
Gegeben sei das folgende IS-LM-Modell:

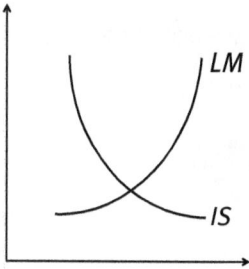

Beschriften Sie die Achsen und kennzeichnen Sie das gesamtwirtschaftliche Gleichgewicht.

Lösung

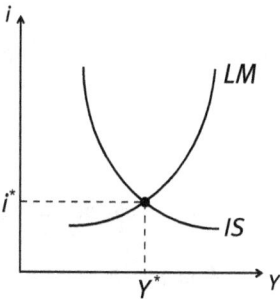

Aufgabe 4-50: IS-LM-Analyse (2)

Verschiedene exogene Impulse können Ursache für die Verlagerung der IS- bzw. der LM-Kurve sein und die Gleichgewichtswerte des Zinses und des Einkommens beeinflussen. Wie wirken sich die folgenden Impulse auf diese Werte aus?

a) Senkung der Staatsausgaben

b) Erhöhung der Steuern

c) Erhöhung der nominalen Geldmenge

Lösung

a) Sowohl der gleichgewichtige Zinssatz als auch das gleichgewichtige Einkommen sinken.

b) Sowohl der gleichgewichtige Zinssatz als auch das gleichgewichtige Einkommen sinken.

c) Der gleichgewichtige Zinssatz sinkt, das gleichgewichtige Einkommen steigt.

Aufgabe 4-51: IS-LM-Analyse (3)

Die folgende Grafik zeigt das IS-LM-Modell. Welche der Aussagen bezüglich der einzelnen Punkte sind korrekt?

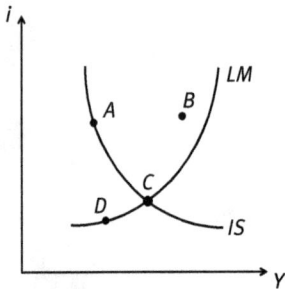

a) Im Punkt A befindet sich der Geldmarkt im Gleichgewicht.

b) Im Punkt B herrscht eine Überschussnachfrage am Geldmarkt vor.

c) Im Punkt C liegt ein gesamtwirtschaftliches Gleichgewicht vor, Güter- und Geldmarkt befinden sich im Gleichgewicht.

d) Im Punkt D befindet sich der Geldmarkt im Gleichgewicht.

Lösung

a) Falsch. *Hinweis: Alle Punkte, in denen sich der Geldmarkt im Gleichgewicht befindet, liegen auf der LM-Kurve.*

b) Falsch. *Hinweis: Alle Punkte oberhalb der LM-Kurve sind durch ein Überschussangebot am Geldmarkt gekennzeichnet.*

c) Richtig.

d) Richtig.

Aufgabe 4-52: Lageparameter im IS-LM-Modell

a) Nennen Sie die Lageparameter der IS-Kurve.
b) Wie wirken sich die in a) genannten Lageparameter auf die Lage der LM-Kurve aus?
c) Nennen Sie die Lageparameter der LM-Kurve.
d) Wie wirken sich die in c) genannten Lageparameter auf die Lage der IS-Kurve aus?

Lösung

a) Staatsausgaben und Steuern.
b) Staatsausgaben und Steuern haben keinen Einfluss auf die Lage der LM-Kurve.
c) Preisniveau und Geldangebot.
d) Preisniveau und Geldangebot haben keinen Einfluss auf die Lage der IS-Kurve.

4.5.2 Kompakttraining zu Kapitel 4.5

Sind die folgenden Aussagen richtig oder falsch?

a) Die IS-LM-Analyse geht davon aus, dass in einer Volkswirtschaft sowohl der Geldmarkt als auch der Gütermarkt permanent im Ungleichgewicht sind.
b) Im IS-LM-Modell gibt es ein simultanes Gleichgewicht auf dem Güter- und Geldmarkt.
c) Eine Erhöhung der Staatsausgaben führt zu einer Rechtsverschiebung der IS-Kurve.
d) Eine Senkung der Staatsausgaben führt zu einer Linksverschiebung der LM-Kurve.
e) Eine Steuererhöhung führt zu einer Linksverschiebung der IS-Kurve.
f) Eine Steuersenkung führt zu einer Rechtsverschiebung der LM-Kurve.
g) Eine Erhöhung der Geldmenge führt zu einer Rechtsverschiebung der IS-Kurve.
h) Eine Senkung der Geldmenge führt zu einer Linksverschiebung der LM-Kurve.
i) Eine Preisniveausteigerung führt zu einer Linksverschiebung der IS-Kurve.
j) Eine Preisniveausteigerung führt zu einer Rechtsverschiebung der LM-Kurve.

Lösung

a) Falsch. *Hinweis: Die IS-LM-Analyse trifft keinerlei Aussagen über die Häufigkeit und Dauer von Ungleichgewichten auf dem Gütermarkt oder dem Geldmarkt, sie zeigt lediglich die Zins-Einkommens-Kombinationen auf, bei denen sich der Gütermarkt und/oder der Geldmarkt im Gleichgewicht befindet.*

b) Richtig.

c) Richtig.

d) Falsch. *Hinweis: Eine Senkung der Staatsausgaben betrifft in unserem einfachen Modell ausschließlich den Gütermarkt. Hier führt eine Senkung der Staatsausgaben zu einem Rückgang der gesamtwirtschaftlichen Nachfrage und damit zu einer Linksverschiebung der IS-Kurve. (Sekundäre Effekte wie eine durch die geringeren Staatsausgaben mögliche Steuersenkung werden hier nicht berücksichtigt.) Die Lage der LM-Kurve bleibt unverändert.*

e) Richtig.

f) Falsch. *Hinweis: Eine Steuersenkung betrifft in unserem einfachen Modell ausschließlich den Gütermarkt. Hier führt eine Senkung der Steuern zu einer Erhöhung des möglichen Konsums und damit annahmegemäß zu einer Konsumerhöhung. Hieraus resultiert eine Erhöhung der gesamtwirtschaftlichen Nachfrage und damit eine Rechtsverschiebung der IS-Kurve. Die Lage der LM-Kurve bleibt unverändert.*

g) Falsch. *Hinweis: Eine Veränderung der Geldmenge betrifft in unserem einfachen Modell ausschließlich den Geldmarkt. Hier führt eine Erhöhung der Geldmenge zu einer Ausweitung des Geldangebots und damit zu einer Rechtsverschiebung der LM-Kurve. Die Lage der IS-Kurve bleibt unverändert.*

h) Richtig.

i) Falsch. *Hinweis: Das Preisniveau ist in unserem einfachen Modell ausschließlich ein Lageparameter der LM-Kurve. Eine Preisniveauerhöhung führt zu einer Linksverschiebung der LM-Kurve. Die IS-Kurve bleibt hier von einer Veränderung des Preisniveaus unberührt.*

j) Falsch. *Hinweis: Eine Erhöhung des Preisniveaus beeinflusst in unserem einfachen Modell zwar die Lage der LM-Kurve, jedoch führt eine Erhöhung des Preisniveaus zu einer Linksverschiebung der LM-Kurve.*

5 Wirtschaftspolitik

5.1 Aufgaben der nationalen Wirtschaftspolitik

Nachdem Sie nun mit der Mikro- und der Makroökonomik bereits die wesentlichen Bestandteile der Volkswirtschaftstheorie kennengelernt haben, wenden wir uns nun einer etwas anderen Thematik zu – nämlich der Wirtschaftspolitik. Unter „Wirtschaftspolitik" verstehen wir allgemein das Handeln all jener Institutionen, die zu wirtschaftspolitischen Entscheidungen und deren Durchsetzungen legitimiert sind. Die Frage nach der Legitimation verdeutlicht dabei die besondere Rolle wirtschaftspolitischer Fragen innerhalb der Wirtschaftswissenschaften: So ist die Wirtschaftspolitik auch immer ein Teilgebiet der allgemeinen Politik und als solches den politischen Spielregeln unterworfen. In diesem ersten Kapitel wird daher auch zunächst eine grundlegende Einordnung vorgenommen, bevor die nachfolgenden Kapitel die konkrete Umsetzung ökonomischer Erkenntnisse im wirtschaftspolitischen Kontext analysieren.

Schlüsselbegriffe: Wirtschaftspolitik, Wirtschaftsphilosophie, Wirtschaftssystem, freie Marktwirtschaft, soziale Marktwirtschaft, keynesianische Marktwirtschaft, korporatistische Marktwirtschaft

5.1.1 Aufgaben und Lösungen zu Kapitel 5.1

Aufgabe 5-1: Träger der Wirtschaftspolitik
Nennen Sie verschiedene Träger der nationalen Wirtschaftspolitik in der Bundesrepublik Deutschland.

Lösung
Zu den wichtigsten Trägern der nationalen Wirtschaftspolitik gehören in der Bundesrepublik Deutschland neben der Bundesregierung Bundestag und Bundesrat. Des Weiteren sind sowohl die Landesregierungen und Landtage als auch die Kommunen in Teile der wirtschaftspolitischen Entscheidungen involviert. Eine bedeutsame Rolle spielen aufgrund der Tarifautonomie außerdem die Tarifparteien – die Gewerkschaften und die Arbeitgeberverbände. Die Bundesbank als Träger der Geldpolitik gehört ebenfalls zu den nationalen wirtschaftspolitischen Akteuren.

https://doi.org/10.1515/9783111252667-005

Aufgabe 5-2: Wirtschaftspolitische Beratung
Welche Institutionen sind im Bereich der wirtschaftswissenschaftlichen Politikberatung tätig?

Lösung
Wirtschaftswissenschaftliche Politikberatung kann durch verschiedene Institutionen erfolgen. Hierzu gehören zum einen Institutionen, die explizit zu diesem Zweck entstanden sind, wie der Sachverständigenrat zur Begutachtung der wirtschaftlichen Lage (SVR) und die Monopolkommission oder wissenschaftliche Beiräte wie der Sozialbeirat. Zum anderen werden Beratungen, insbesondere zu ökonomischen Einzelfragen aber auch von Einrichtungen durchgeführt, deren Haupttätigkeiten in anderen Bereichen liegen. Hierzu gehören u. a. Wirtschaftsforschungsinstitute und Hochschulen aber auch Einzelexperten, ad hoc Gremien und internationale Organisationen.

Aufgabe 5-3: Lobbyismus
Erläutern Sie am Beispiel der Automobilindustrie den Begriff „Lobbyismus".

Lösung
Lobbyismus umfasst sämtliche Versuche von Interessensgruppen, Einfluss auf Abgeordnete und andere politische Entscheidungsträger zu nehmen, damit diese politische Entscheidungen so treffen, wie es für die entsprechenden Gruppen vorteilhaft ist. Dabei können verschiedene Ziele verfolgt werden.

In der Automobilindustrie können als Ziele beispielsweise der Schutz der heimischen Märkte vor günstigeren Importen oder eine Förderung der eigenen Exporte verfolgt werden. Weiterhin können eine Erhöhung der Nachfrage nach Kraftfahrzeugen durch eine Senkung der Preise komplementärer Güter wie Benzin angestrebt werden, eine Verhinderung von Tempolimits oder Fahrverboten oder eine verstärkte Subventionierung von E-Mobilität.

Aufgabe 5-4: Formen der Marktwirtschaft (1)
Vervollständigen Sie die nachfolgende Tabelle zu den verschiedenen (idealtypischen) Ausprägungen der marktwirtschaftlichen Wirtschaftsphilosophie:

	Freie Marktwirtschaft	Soziale Marktwirtschaft	Keynesianische Marktwirtschaft	Korporatistische Marktwirtschaft
Hauptcharakteristikum				
Leistungsfähigkeit des Marktmechanismus				
Rolle des Staates				

Lösung

	Freie Marktwirtschaft	Soziale Marktwirtschaft
Hauptcharakteristikum	Zentrale und uneingeschränkte Rolle des Marktmechanismus	Zwei Säulen: Freiheitspostulat des Wirtschaftsliberalismus und Sozialstaatsprinzip
Leistungsfähigkeit des Marktmechanismus	Sehr hoch; Annahme, dass der Marktmechanismus das überlegene System ist und allein für effiziente Allokation und ein stabiles Wirtschaftssystem sorgen kann	Generell effizient, aber nicht immer mit gesamtgesellschaftlich gewolltem Ergebnis
Rolle des Staates	„Nachtwächterstaat", Aufrechterhaltung der Rechts- und Wirtschaftsordnung, ausschließlich Verfolgung von Ordnungspolitik	Starker und unabhängiger Staat zur bewussten Gestaltung der Wirtschaftspolitik und Schaffung von Verteilungsgerechtigkeit, Primat der Ordnungspolitik
	Keynesianische Marktwirtschaft	**Korporatistische Marktwirtschaft**
Hauptcharakteristikum	Schutz des marktwirtschaftlichen Systems vor Instabilitäten mittels staatlicher Eingriffe	Sozialistische Form der Marktwirtschaft, starke Mitbestimmungselemente auf staatlicher und betrieblicher Ebene
Leistungsfähigkeit des Marktmechanismus	Generell effizient, aber Gefahr von Instabilitätstendenzen	Unsicherheit bzgl. der Effizienz des Marktmechanismus
Rolle des Staates	Staat mit der Aufgabe der Systemstabilisierung (vgl. bspw. Stabilitätsgesetz); Einsatz sowohl von Ordnungs- als auch von Prozesspolitik	Staatsinterventionismus zur Stabilisierung und darüber hinaus zur Lenkung des Marktsystems

Aufgabe 5-5: Formen der Marktwirtschaft (2)

Geben Sie zu den vier verschiedenen Ausprägungen eines marktwirtschaftlichen Wirtschaftssystems jeweils eine Volkswirtschaft an, in der diese Form der Marktwirtschaft etabliert ist (bzw. war).

Lösung

Die Form der reinen freien Marktwirtschaft wurde in den letzten Jahrzehnten kaum realisiert, am ehesten kann man die Volkswirtschaften einiger Schwellenländer wie Hongkong als freie Marktwirtschaften bezeichnen. Die Form der sozialen Marktwirtschaft bildet die Grundlage des Wirtschaftssystems zahlreicher westlicher Industriestaaten. In der Bundesrepublik Deutschland ist sie sogar im

Grundgesetz festgeschrieben. Als keynesianische Marktwirtschaft kann beispielsweise die Volkswirtschaft der USA bezeichnet werden. Das System der korporatistischen Marktwirtschaft kann heute als überholt bezeichnet werden. Zahlreiche Länder, die diese Wirtschaftsform bis in die 1980er Jahre betrieben haben, durchlebten anschließend einen weitreichenden Wandel. Beispiele hierfür sind Schweden oder das ehemalige Jugoslawien.

Aufgabe 5-6: Wirtschaftssysteme

Nennen Sie die grundlegenden Merkmale des Wirtschaftssystems der Zentralverwaltungswirtschaft.

Lösung

Das grundlegende Merkmal einer Zentralverwaltungswirtschaft ist die vollständige Planung der gesamtwirtschaftlichen Produktion durch den Staat. Der Staat tritt damit an die Stelle der Märkte, es kommt zu einer Ausschaltung des Marktmechanismus und des Wettbewerbs. Damit einhergehend fehlt die Lenkungsfunktion der Preise, diese stellen keine Knappheitsindikatoren mehr dar, sondern werden vom Staat festgelegt, wobei häufig politische oder soziale Überlegungen im Vordergrund stehen. Fehlender Wettbewerb und staatliche Regulierung behindern technischen Fortschritt und verhindern Innovationen. Dies führt in vielen Fällen zu einer geringeren Produktivität als in marktwirtschaftlichen Systemen. Ein Beispiel für eine Zentralverwaltungswirtschaft ist die Volkswirtschaft der ehemaligen DDR.

Aufgabe 5-7: Systemwettbewerb

Was versteht man unter dem „alten" und dem „neuen" Systemwettbewerb?

Lösung

Als „alter Systemwettbewerb" wird im Allgemeinen der sogenannte „Kalte Krieg" zwischen dem kapitalistischen Westen, angeführt durch die USA, und dem kommunistischen Osten, dominiert durch die Sowjetunion im Anschluss an den Zweiten Weltkrieg (1945–1991) bezeichnet. Es handelte sich im Grunde um einen Konflikt zweier Großmächte, wobei weitere Staaten nur eine sekundäre unterstützende Rolle spielten. Der Begriff „kalt" bezog sich darauf, dass sich die beiden Kontrahenten wohl feindlich gegenüberstanden, jedoch vor direkter, offener militärischer Gewalt zurückschreckten. Stattdessen unterstützen sie Verbündete in kriegerischen Auseinandersetzungen, was zu sogenannten „Stellvertreterkriegen" führte (wie in der Kubakrise oder im Vietnamkrieg).

Verbunden war der Kalte Krieg mit einem Systemwettbewerb mit unterschiedlichen oftmals diametralen Weltanschauungen, die als dogmatische Leitfäden und Orientierungshilfen dienten.

Der „neue Systemwettbewerb" in der heutigen Zeit zeichnet sich gegenüber dem alten unter anderem dadurch aus, dass die derzeitigen ideologischen Konflikte nicht bloß auf die Gegensätze Kapitalismus versus Kommunismus oder Demokratie versus Diktatur reduziert werden können. In diesem neuen Systemwettbewerb sind die Strukturen weniger eindeutig. Beispielsweise geht in China eine wirtschaftliche Liberalisierung mit einem klar autoritären politischen System einher, d. h. einem System, in dem die zentrale Regierung den Großteil der politischen Macht ausübt.

Aufgabe 5-8: Aufgaben der Wirtschaftspolitik

Worin besteht die wirtschaftspolitische Aufgabe des modernen Staates?

Lösung

Die fundamentale Aufgabe des modernen Staates ist die Schaffung von Rahmenbedingungen, die die Funktionsfähigkeit des Marktsystems sicherstellen. Hierzu zählen speziell die Stabilisierung des Marktsystems, die Beseitigung von Marktstörungen, der Aufbau einer Geld- und Finanzverfassung sowie die Schaffung einer Sozial- und Arbeitsmarktverfassung und einer Staats- und Rechtsordnung.

Aufgabe 5-9: Störungen des marktwirtschaftlichen Systems

Nennen Sie zwei Beispiele für Marktstörungen.

Lösung

Das freie Zusammenspiel von Angebot und Nachfrage auf einem Markt kann beispielsweise durch externe Effekte gestört werden. Diese treten immer dann auf, wenn das Handeln eines Akteurs am Markt neben den geplanten Ergebnissen zusätzliche nicht intendierte Auswirkungen zur Folge hat, welche nicht in das Nutzenmaximierungskalkül des Handelnden einfließen. Beispielsweise kann die Produktion chemischer Stoffe in der Pharmaindustrie durch die Einleitung von Abwasser in öffentliche Gewässer zu einer verstärkten Gewässerverschmutzung etc. führen. Eine weitere Marktstörung ist die Unterversorgung mit öffentlichen Gütern. Da niemand von dem Konsum dieser Güter ausgeschlossen werden kann, ist die Zahlungsbereitschaft der Gesellschaft für diese Güter tendenziell zu niedrig, sodass sich unter dem Gesichtspunkt der Gewinnmaximierung niemand zu einer ausreichenden Bereitstellung bereitfinden wird. Dies führt jedoch zu einer Unterversorgung, welche die gesamtgesellschaftliche Wohlfahrt beeinträchtigt. Beispiele hierfür sind Hochwasserschutz oder Landesverteidigung.

5.1.2 Kompakttraining zu Kapitel 5.1

Sind die folgenden Aussagen richtig oder falsch?

a) Als „Wirtschaftspolitik" wird ausschließlich das ökonomisch relevante Handeln der nationalen Regierung bezeichnet.

b) Als Grundlage der modernen Marktwirtschaft können u. a. die Werke des klassischen Nationalökonomen Adam Smith angesehen werden.

c) Wird dem Staat die Rolle eines „Nachtwächters" zugeschrieben, so soll er ausschließlich Prozesspolitik betreiben.

d) In der sozialen Marktwirtschaft wird ein marginaler Staat favorisiert.

e) Die keynesianische Marktwirtschaft geht davon aus, dass das Marktsystem zu Instabilitäten neigt und aus diesem Grunde durch Stabilisierungspolitik unterstützt werden muss.

f) Die korporatistische Marktwirtschaft zeichnet sich durch Mitbestimmungselemente allein auf der betrieblichen Ebene aus.

g) In der keynesianischen Marktwirtschaft wird besonderer Wert auf Umverteilung und soziale Gerechtigkeit gelegt.

h) Das Stabilitätsgesetz von 1967 kodifizierte die keynesianische Wirtschaftspolitik in der Bundesrepublik Deutschland.

i) John Maynard Keynes lehnte jede Form der Marktwirtschaft ab.

j) Zu den Aufgaben der marktwirtschaftlichen Wirtschaftspolitik gehört die Schaffung einer Rechtsordnung, die private Eigentumsrechte schützt.

Lösung

a) Falsch. *Hinweis: Wirtschaftspolitik umfasst das Handeln sämtlicher Institutionen, die zu wirtschaftspolitischen Entscheidungen und deren Durchsetzung legitimiert sind. Hierzu gehören neben den nationalen Regierungen eine Reihe weiterer Institutionen wie beispielsweise die Tarifparteien, supranationale Organisationen oder weitere Gebietskörperschaften. Für die Bundesrepublik Deutschland wären beispielsweise neben der Bundesregierung auch die Länder und Kommunen, die Gewerkschaften und Arbeitgeberverbände, die Bundesbank und die Europäische Zentralbank sowie weitere Gremien der Europäischen Union zu nennen.*

b) Richtig.

c) Falsch. *Hinweis: Wird dem Staat die Rolle eines „Nachtwächters" zugeschrieben, so soll er ausschließlich eine Rahmenordnung vorgeben, innerhalb derer die Wirtschaftssubjekte ohne weitere staatliche Eingriffe agieren können. Eine solche Rahmenordnung entsteht durch Maßnahmen der Ordnungspolitik. Prozesspolitische Eingriffe setzen direkt bei wirtschaftlichen Aktivitäten an, sie gehen über die Nachtwächterrolle hinaus.*

d) Falsch. *Hinweis: Das Konzept der sozialen Marktwirtschaft fordert einen starken und unabhängigen Staat. Dieser soll die Wirtschaftsordnung bewusst gestalten und neben dem Freiheitspostulat des klassischen Wirtschaftsliberalismus das Sozialstaatsprinzip als zweite tragende Säule einer prosperierenden Volkswirtschaft implementieren. Dabei soll zwar ebenso wie im Rahmen der freien Marktwirtschaft Ordnungspolitik favorisiert werden, jedoch sind bei Bedarf auch prozesspolitische Eingriffe vorgesehen.*

e) Richtig.

f) Falsch. *Hinweis: Die korporatistische oder sozialistische Marktwirtschaft zeichnet sich nicht nur auf betrieblicher, sondern auch auf staatlicher Ebene durch weitreichende Mitbestimmungselemente aus. Sie beinhaltet eine wesentlich intensivere politische Lenkung der Wirtschaft als alle anderen Ausprägungen des marktwirtschaftlichen Konzeptes.*

g) Falsch. *Hinweis: Im Zentrum der keynesianischen Marktwirtschaft steht – anders als bei der sozialen Marktwirtschaft – nicht der soziale Ausgleich, sondern die Stabilisierung des marktwirtschaftlichen Systems. Die ihr zugrunde liegende Theorie des Ökonomen John Maynard Keynes bezeichnet das marktwirtschaftliche System zwar als bestes aller denkbaren Wirtschaftssysteme, hält es jedoch trotzdem für sehr instabil und trifft entsprechende Vorkehrungen. (Trotz der unterschiedlichen Fokussierung können sich die Konzepte der sozialen und keynesianischen Marktwirtschaft auch ergänzen, wie man heute in der Wirtschaftspolitik verschiedener Industrienationen erkennen kann. Nicht zuletzt sieht auch die soziale Marktwirtschaft der Bundesrepublik Deutschland stabilisierende konjunkturpolitische Eingriffe vor.)*

h) Richtig.

i) Falsch. *Hinweis: John Maynard Keynes ist der Begründer der nach ihm benannten Theorierichtung des Keynesianismus. Auf seinen Ideen basiert auch die Idee der keynesianischen Marktwirtschaft. Keynes geht zwar davon aus, dass eine Marktwirtschaft systematisch zur Instabilität neigt, welcher mit entsprechenden politischen Eingriffen zu begegnen ist. Dennoch hält er sie (mangels Alternativen) für die beste mögliche Wirtschaftsordnung.*

j) Richtig.

5.2 Ziele der nationalen Wirtschaftspolitik

Nach der erfolgten grundlegenden Einordnung der Wirtschaftspolitik wenden wir uns nun ihren konkreten Zielen zu. Häufig werden als generelle Ziele der Wirtschaftspolitik die Wahrung oder Mehrung des gesamtgesellschaftlichen Wohlstandes sowie die Bewahrung oder Wiederherstellung der Funktionsfähigkeit des Marktmechanismus genannt. Diese Ziele sind jedoch sehr abstrakt. In der Praxis haben sich aus diesem übergeordneten Ziel eine Reihe konkreter Ziele ergeben, welche die Wirtschaftspolitik verfolgen soll. Diese Ziele ähneln sich in den meisten Volkswirtschaften. In Deutschland sind sie sogar in einem Gesetz, dem so genannten „Stabilitätsgesetz" von 1967 festgeschrieben.

Schlüsselbegriffe: Stabilitätsgesetz, Arbeitslosigkeit, Preisniveaustabilität, Inflation, Deflation, Geldfunktionen, außenwirtschaftliches Gleichgewicht, Zahlungsbilanz, stetiges und angemessenes Wirtschaftswachstum

5.2.1 Aufgaben und Lösungen zu Kapitel 5.2

Aufgabe 5-10: Stabilitätsgesetz (1)
Welche Ziele verfolgte das Stabilitätsgesetz von 1967?
a) Sicherung eines ökologisch vertretbaren Wachstums im Sinne des Club of Rome.
b) Garantie der Autonomie der Bundesbank.
c) Beschränkung von Lohnerhöhungen auf den Produktivitätszuwachs.
d) Definition der Ziele eines gesamtwirtschaftlichen Gleichgewichts.

Lösung
a) Falsch.
b) Falsch.
c) Falsch.
d) Richtig.

Aufgabe 5-11: Stabilitätsgesetz (2)
Welche der folgenden konkreten Zielsetzungen der Wirtschaftspolitik sind für die Bundesrepublik Deutschland im Stabilitätsgesetz von 1967 festgeschrieben?
a) Ein jährliches Wirtschaftswachstum von mindestens 5 %.
b) Eine Arbeitslosenquote von höchstens 5 %.
c) Eine jährliche Inflationsrate von höchstens 5 %.
d) Ein Leistungsbilanzdefizit von höchstens 5 % des BIP des Vorjahres.

Lösung
a) Falsch.
b) Falsch.
c) Falsch.
d) Falsch.

Hinweis: Im Stabilitätsgesetz werden keine konkreten Zielgrößen angegeben, die Ziele an sich werden genannt.

Lernhilfe 6: Das Stabilitätsgesetz von 1967

Häufig wird nach den im Stabilitätsgesetz festgeschriebenen Zielen gefragt. Aufschluss über die richtigen Antworten bietet hier der Wortlaut des § 1 des Gesetzes zur Förderung der Stabilität und des Wachstums der Wirtschaft (StabG) vom 08.06.1967:

„**Bund und Länder haben bei ihren wirtschafts- und finanzpolitischen Maßnahmen die Erfordernisse des gesamtwirtschaftlichen Gleichgewichts zu beachten. Die Maßnahmen sind so zu treffen, dass sie im Rahmen der marktwirtschaftlichen Ordnung gleichzeitig zur Stabilität des Preisniveaus, zu einem hohen Beschäftigungsstand und außenwirtschaftlichem Gleichgewicht bei stetigem und angemessenem Wirtschaftswachstum beitragen.**"

Neben den vier genannten Zielen – Preisniveaustabilität, hoher Beschäftigungsstand, außenwirtschaftliches Gleichgewicht und angemessenes Wirtschaftswachstum – sind keine weiteren Ziele festgeschrieben. Eine gerechte Einkommensverteilung, Nachhaltigkeit etc. gehören sicherlich auch zu den häufig verfolgten wirtschaftspolitischen Zielen, sie verfügen aber nicht über eine Grundlage in dem genannten Gesetz.

Auch bleibt das Gesetz in seinen Formulierungen recht allgemein. Es werden weder konkrete Richtwerte genannt, noch absolute Erfüllung der einzelnen Ziele angestrebt. Beispielsweise wird ein hoher Beschäftigungsgrad gefordert, nicht aber eine Arbeitslosenrate von max. 5 %. Es wird auch keine Arbeitsplatzgarantie gegeben oder Nullinflation gefordert.

Aufgabe 5-12: Stabilitätsgesetz (3)

Auf welcher Wirtschaftsphilosophie basiert das Stabilitätsgesetz?

Lösung

Das Stabilitätsgesetz basiert auf der Wirtschaftsphilosophie des Keynesianismus. Es geht davon aus, dass es in einer Marktwirtschaft Instabilitätstendenzen gibt, welchen durch wirtschaftspolitische Eingriffe entgegenzuwirken ist.

Aufgabe 5-13: Formen der Arbeitslosigkeit (1)

Erläutern Sie, welche Formen der Arbeitslosigkeit zur natürlichen Arbeitslosigkeit gehören und grenzen Sie diese von anderen Formen der Arbeitslosigkeit ab.

Lösung

Die natürliche Arbeitslosigkeit setzt sich aus der friktionellen Arbeitslosigkeit und der strukturellen Arbeitslosigkeit zusammen. Diesen beiden Formen der Arbeitslosigkeit ist gemeinsam, dass sie nicht von der aktuellen konjunkturellen Lage beeinflusst werden, sondern andere – wirtschaftspolitisch relativ schwer zu bekämpfende – Ursachen haben. Abzugrenzen ist die natürliche Arbeitslosigkeit damit zum einen von der konjunkturellen Arbeitslosigkeit. Zum anderen bildet sie mit dieser zusammen aber die unfreiwillige Arbeitslosigkeit und ist damit auch von der freiwilligen Arbeitslosigkeit abzugrenzen. Während von der natürlichen Arbeitslosigkeit Betroffene generell arbeiten wollen, ist dies für die freiwillig Arbeitslosen nicht der Fall.

Aufgabe 5-14: Formen der Arbeitslosigkeit (2)

Personen, die keiner bezahlten Beschäftigung nachgehen, werden oftmals pauschal als „arbeitslos" bezeichnet. Diese Bezeichnung ist jedoch sehr undifferenziert. Ordnen Sie den folgenden Sachverhalten jeweils die konkrete Form der Arbeitslosigkeit zu, die hier vorliegt.

a) Anton kann seinen Beruf als Skilehrer während der Sommermonate nicht ausüben. Er ist in dieser Zeit arbeitslos, da sein Arbeitgeber das Arbeitsverhältnis für diese Zeit auflöst. Zum Winter wird Anton regelmäßig wieder von seinem Arbeitgeber als Skilehrer eingestellt.

b) Bärbel wurde aus ihrem alten Job entlassen und kann ihren neuen Job erst in zwei Monaten antreten. Für die Zwischenzeit hat sie keine Beschäftigung gefunden.

c) Conrad ist gelernter Maurer und zurzeit ohne Beschäftigung, da er nicht bereit ist, zu den auf dem Bau derzeit üblichen Lohnsätzen zu arbeiten.

d) Doris war früher als Fließbandarbeiterin tätig. Durch den technologischen Wandel wird diese Tätigkeit nicht mehr benötigt. Doris ist seitdem arbeitssuchend.

Lösung

a) Friktionelle Arbeitslosigkeit. *Hinweis: Die hier vorliegende saisonale Arbeitslosigkeit wird der friktionellen Arbeitslosigkeit zugerechnet.*

b) Friktionelle Arbeitslosigkeit.

c) Freiwillige Arbeitslosigkeit.

d) Strukturelle Arbeitslosigkeit.

Aufgabe 5-15: Formen der Arbeitslosigkeit (3)

Welche der Arbeitslosigkeitsformen ist als besonders hinderlich für eine Volkswirtschaft einzustufen? Begründen Sie Ihre Antwort.

Lösung

Generell ist zwar jede Form der Arbeitslosigkeit mit Ineffizienzen bezüglich der Nutzung des Produktionsfaktors Arbeit verbunden, dennoch gibt es „weniger schlimme" und „besonders schlimme" Formen der Arbeitslosigkeit. Während beispielsweise friktionelle Arbeitslosigkeit relativ schnell behoben werden kann und somit eher von kurzer Dauer ist, stellt strukturelle Arbeitslosigkeit eine Volkswirtschaft in der Regel vor gravierende Probleme. Strukturelle Arbeitslosigkeit ist eine Folge des Strukturwandels in einer Volkswirtschaft, sie resultiert beispielsweise aus technologischem Wandel oder veränderten Präferenzen der Nachfrager. Die aufgrund solcher Veränderungen arbeitslos Gewordenen können zumeist nur schwer wieder in den Arbeitsmarkt eingegliedert werden. Gründe hierfür sind neben abweichenden Qualifikationsanforderungen auch fehlende räumliche Mobilität.

Aufgabe 5-16: Kosten der Arbeitslosigkeit
Erläutern Sie, welche Kosten durch Arbeitslosigkeit in einer Gesellschaft verursacht werden.

Lösung
Die zentralen ökonomischen Kosten der Arbeitslosigkeit entstehen durch Produktionsverlust: Ein Teil des Produktionsfaktors Arbeit wird nicht genutzt, sodass die vorhandenen Produktionsmöglichkeiten nicht voll ausgeschöpft werden und insofern Ineffizienz vorliegt. Außerdem löst Arbeitslosigkeit eine Umverteilung des Volkseinkommens und des Vermögens innerhalb der Gesellschaft aus. Wird diese Umverteilung (z. B. aus politischen oder sozialen Gründen) als nicht wünschenswert angesehen, kann der Staat die gesamtwirtschaftlichen Verluste mittels Steuer- und Sozialgesetzgebung auf alle Gesellschaftsmitglieder verteilen, hierdurch können allerdings auf dem Arbeitsmarkt negative Anreizmechanismen wirksam werden. Weiterhin gehen mit den gesamtwirtschaftlichen Verlusten auch geringere Steuereinnahmen einher. Diese führen zu einer höheren Staatsverschuldung und damit verbundenen höheren Zinszahlungsverpflichtungen des Staates und/ oder zu geringeren Infrastrukturleistungen des Staates.

Neben den ökonomischen treten auch nicht-ökonomische Kosten auf. Hierzu gehört für den einzelnen Betroffenen neben dem eigentlichen Positionsverlust der Verlust an Ansehen und Prestige in der Öffentlichkeit und in der Familie, sowie ein geringeres Selbstwertgefühl, welches zu innerer Instabilität und psychischen Problemen führen kann. Für die Gesellschaft als Ganzes bedeutet eine Zunahme der Arbeitslosigkeit in vielen Fällen die Gefahr der Zerrüttung traditioneller sozialer Bindungen und Wertesysteme. Auch durch diese nicht unmittelbar wirtschaftlichen Probleme entstehen immense ökonomische Folgekosten.

Aufgabe 5-17: Geldfunktionen
Erläutern Sie die drei Funktionen, die Geld in einer arbeitsteiligen Volkswirtschaft hat.

Lösung
In einer arbeitsteiligen Volkswirtschaft hat Geld folgende drei Funktionen:

Tauschmittelfunktion: Die Existenz von allgemein akzeptiertem Geld ermöglicht es, den Austausch von Gütern wesentlich einfacher abzuwickeln. Die Transaktions- und Informationskosten sind wesentlich niedriger als in einer reinen Realtauschwirtschaft. Dies liegt vor allem daran, dass eine vollständige Übereinstimmung der Kauf- und Verkaufswünsche der beiden Parteien nicht mehr erforderlich ist. Will ein Wirtschaftssubjekt ein Gut A verkaufen und dafür ein Gut B kaufen, so benötigt er in einer reinen Realtauschwirtschaft einen Vertragspartner, der gleichzeitig Gut A kaufen und Gut B verkaufen will. In einer Geldwirtschaft genügt es, wenn er irgendeinen Käufer für sein Gut A und irgendeinen (anderen) Anbieter von Gut B findet.

Rechenmittelfunktion: Auch der Einsatz von Geld als Rechenmittel reduziert die Informationskosten und damit die Gesamtkosten einer Gütertransaktion. Durch die Verwendung von Geld als Numéraire sinkt die Anzahl der Austauschrelationen zwischen n handelbaren Gütern von $\frac{n^2-n}{2}$ auf $n-1$. Dies verbessert die Übersichtlichkeit und erhöht die Vergleichbarkeit.

Wertaufbewahrungsmittelfunktion: Ist es möglich, durch die Haltung von Geld Kaufkraft „aufzubewahren", können Kauf und Verkauf von Gütern auch zeitlich auseinanderfallen. Voraussetzung hierfür ist, dass Geld allgemein und dauerhaft akzeptiert wird, ein haltbares Gut ist und seinen Wert zumindest annähernd behält.

Aufgabe 5-18: Beeinträchtigung der Geldfunktionen (1)

Diskutieren Sie, inwiefern die Funktionen, die Geld in einer arbeitsteiligen Volkswirtschaft hat, durch das Auftreten von Inflation beeinträchtigt werden.

Lösung

Inflation beschreibt einen Prozess andauernder Preisniveausteigerungen bzw. andauernder Geldwertreduktion. Solch ein Prozess führt zunächst zu einer Beeinträchtigung der Wertaufbewahrungsfunktion des Geldes. Durch die anhaltende Geldwertreduktion können mit einer bestimmten Geldsumme zu einem späteren Zeitpunkt nur noch weniger Güter erworben werden, der reale Wert des Geldes sinkt. Mit fortschreitender Inflation wird auch die Tauschmittelfunktion des Geldes eingeschränkt. Geld wird von den Wirtschaftssubjekten nicht mehr bzw. immer weniger als Tausch- und Zahlungsmittel akzeptiert und teilweise durch Ersatzwährungen ersetzt oder durch die Rückkehr zum reinen Naturaltausch abgelöst. Solange sich nur das allgemeine Preisniveau bzw. der reale Geldwert verändert, bleibt die Rechenmittelfunktion des Geldes erhalten. Diese geht erst verloren, wenn die Preisverhältnisse zwischen den einzelnen Gütern zu schwanken beginnen. Treten stärkere Schwankungen auf, ist der Zusammenbruch des Geldsystems unausweichlich.

Aufgabe 5-19: Beeinträchtigung der Geldfunktionen (2)
Prüfen Sie folgende Aussagen zu möglichen Beeinträchtigungen der Geldfunktionen. Geben Sie an, welche Geldfunktion jeweils schwerpunktmäßig betroffen ist.
a) Die Preise schwanken stark und unvorhersehbar.
b) Die Wirtschaftssubjekte reduzieren verstärkt ihre Geldhaltung.
c) Geld wird zunehmend durch eine sogenannte Zigarettenwährung ersetzt.
d) Diese Funktion wird als letzte bei einer Zerstörung des Geldsystems beeinträchtigt.

Lösung
a) Rechenmittelfunktion.
b) Wertaufbewahrungsfunktion.
c) Zahlungsmittelfunktion.
d) Rechenmittelfunktion.

Aufgabe 5-20: Formen der Inflation (1)
Erläutern Sie, was man unter einer zurückgestauten Inflation versteht. Nennen Sie ein historisches Beispiel.

Lösung
Eine zurückgestaute Inflation liegt im Fall eines Preisstopps vor, bei dem ein sonst erfolgter Anstieg des Preisniveaus durch administrative Maßnahmen verhindert wird. Ein historisches Beispiel war die staatliche Festlegung der einheitlichen Verkaufspreise in der DDR. Diese sorgte zwar für niedrige Konsumgüterpreise, verhinderte aber eine bedarfsgerechte Produktion.

Aufgabe 5-21: Formen der Inflation (2)
Erläutern Sie, was man unter einer akzelerierenden Inflation versteht.

Lösung
Eine akzelerierende Inflation ist eine Inflation, bei der sich das Inflationstempo beschleunigt. Sie ist durch immer schneller steigende Inflationsraten gekennzeichnet.
Hinweis: Das Gegenteil einer akzelerierenden Inflation – also eine sich verlangsamende Inflation – wird als dezelerierende Inflation bezeichnet.

Aufgabe 5-22: Formen der Inflation (3)
Erläutern Sie, was man unter einer Hyperinflation versteht. Nennen Sie historische Beispiele für diese Inflationsform.

Lösung

Eine Hyperinflation zeichnet sich durch eine extrem hohe Inflationsrate (> 50%) aus. Sie weist zudem eine stark ausgeprägte Tendenz zur Selbstverstärkung auf. Volkswirtschaften, in denen eine Hyperinflation vorliegt, sind von einem teilweisen oder vollständigen Zusammenbruch des Geldsystems bedroht.

Historische Beispiele für das Auftreten einer Hyperinflation sind Deutschland in den 1920er Jahren und Argentinien in den 1980er Jahren.

Aufgabe 5-23: Folgen der Inflation (1)

Erläutern Sie, welche Kosten durch Inflation in einer Gesellschaft verursacht werden.

Lösung

Durch Inflation können mehrere Arten von Kosten verursacht werden. Üblicherweise unterscheidet man zwischen den Kosten einer richtig antizipierten und einer nicht antizipierten Inflation.

Zu den Kosten der korrekt antizipierten Inflation gehören die so genannten „Schuhsohlen-Kosten", die „Menükosten" und die Inflationskosten aufgrund einer nicht inflationsangepassten Fiskalstruktur. Als Schuhsohlen-Kosten werden die (Transaktions-)kosten bezeichnet, die den Wirtschaftssubjekten bei Inflation durch eine Umschichtung ihres Portfolios zur Reduzierung ihrer Geldhaltung entstehen. (Diese Kosten haben jedoch mittlerweile aufgrund der Verfügbarkeit moderner Finanzinnovationen weitgehend an Bedeutung verloren.) Menükosten fallen bei inflationsbedingten Preis- und Lohnänderungen sowie bei der Errichtung eines Indexierungssystems an. Inflationskosten aufgrund einer nicht inflationsangepassten Fiskalstruktur resultieren vor allem aus einer nominalwertorientierten Steuer- und Abschreibungsgesetzgebung. Durch die Steuerprogression steigt mit der Inflation auch die steuerliche Belastung der Haushalte. Durch steuerrechtliche Abschreibungsvorschriften wird zudem ein inflationsbedingter Anstieg der Wiederbeschaffungspreise nicht berücksichtigt, sodass in diesem Fall eine Besteuerung von Scheingewinnen erfolgt, die einen Substanzverlust bei den Unternehmen bewirkt.

Durch eine nicht (oder nicht korrekt) antizipierte Inflation entstehen zudem Kosten in Form von Investitionsunsicherheit und Vermögensumverteilungen.

Vor allem eine hohe und variable Inflation verursacht Investitionsunsicherheit; Wirtschaftssubjekte scheuen sich insbesondere, in längerfristige Projekte zu investieren, und sehen sich zudem gezwungen, vermehrt Ressourcen für Inflationsprognosen und Versicherungen gegen entsprechende Risiken aufzuwenden. Vermögensumverteilungen erfolgen zum einen durch einen Wertverlust der in nominalen Größen festgelegten Vermögensanlagen gegenüber Anlagen in Sachwerten und zum anderen durch eine Schlechterstellung von Gläubigern und eine

Besserstellung von Schuldnern. Wenn aufgrund von Inflation die Preise schneller steigen als die Nominallöhne, kommt es zudem zu einer Umverteilung der Einkommen zu Gunsten der Gewinn- und zu Lasten der Lohneinkommen. Kosten verursachen solche willkürlichen Umverteilungen insbesondere dadurch, dass sie Auslöser für politische Krisen und soziale Unruhen sein können.

Aufgabe 5-24: Folgen der Inflation (2)

Welche Folgen sind mit dem Auftreten von Inflation in einer Volkswirtschaft verbunden?

a) Steuerprogression kann bei anhaltender Inflation zu einer höheren Steuerbelastung und damit zu einem Rückgang der Konsumnachfrage führen.

b) Inflation kann bei Vermögensanlagen zu einer Umverteilung des Vermögens führen. Dabei zählen die Schuldner zu den Gewinnern und die Gläubiger zu den Verlierern.

c) Die Wirtschaftssubjekte nehmen bei anhaltender hoher Inflation höhere Transaktionskosten in Kauf, um ihre Geldhaltung zu reduzieren.

d) Wenn die Löhne aufgrund von Tarifverträgen langsamer als die Preise steigen, profitieren die Unternehmen zunächst von der Inflation.

Lösung

a) Richtig.

b) Richtig.

c) Richtig.

d) Richtig.

Aufgabe 5-25: Außenwirtschaftliches Gleichgewicht (1)

Nennen Sie die drei Teilbilanzen der Zahlungsbilanz einer Volkswirtschaft und geben Sie an, was in diesen Teilbilanzen jeweils erfasst wird.

Lösung

Die Teilbilanzen der Zahlungsbilanz einer Volkswirtschaft sind die Leistungsbilanz, die Kapitalbilanz und die Devisenbilanz.

In der Leistungsbilanz werden die entgeltlichen Handels- und Dienstleistungsströme, also die Güter- und Dienstleistungstransaktionen, sowie die unentgeltlichen Handels- und Dienstleistungsströme, also die Transfers erfasst, die in einer bestimmten Periode zwischen Inländern und Ausländern stattfanden.

In die Kapitalbilanz gehen alle registrierten Käufe und Verkäufe von Finanzanlagen (z. B. Aktien, festverzinsliche Wertpapiere, Grundvermögen) ein, die in einer bestimmten Periode zwischen Inländern und Ausländern stattfanden.

Die Devisenbilanz erfasst die Zu- oder Abnahme des Devisenbestandes der Zentralbank in einer bestimmten Periode.

Aufgabe 5-26: Außenwirtschaftliches Gleichgewicht (2)

Welche der folgenden Aussagen zum Zahlungsbilanzgleichgewicht sind korrekt?

a) Die Zahlungsbilanz ist stets ausgeglichen, wenn Export und Import gleich groß sind.

b) Ein Defizit in der Leistungsbilanz kann durch einen entsprechenden Nettokapitalzufluss ausgeglichen werden.

c) Ein Zahlungsbilanzgleichgewicht liegt vor, wenn der Saldo der Devisenbilanz gleich Null ist.

d) Nettokapitalabflüssen stehen bei ausgeglichener Leistungsbilanz Devisenverluste gegenüber.

e) Die Zahlungsbilanz Deutschlands ist aufgrund des festen Euro-Kurses immer ausgeglichen.

Lösung

a) Falsch. *Hinweis: In diesem Fall ist nur die Leistungsbilanz ausgeglichen.*

b) Richtig.

c) Richtig.

d) Richtig.

e) Falsch. *Hinweis: Der feste Euro-Kurs hat hier nicht den entscheidenden Einfluss.*

Aufgabe 5-27: Außenwirtschaftliches Gleichgewicht (3)

Erläutern Sie die Sichtweise der „Neuen Klassischen Makroökonomik" bezüglich außenwirtschaftlicher Ungleichgewichte.

Lösung

Die „Neue Klassische Makroökonomik" bestreitet generell die Existenz von außenwirtschaftlichen Ungleichgewichten. Sie geht stattdessen davon aus, dass ungleichgewichtige Leistungs- und Kapitalbilanzsalden die durch die Zeitpräferenzrate für Gegenwarts- und Zukunftskonsum bestimmten Konsum- und Investitionsentscheidungen der einzelnen Volkswirtschaften ausdrücken. Einige Staaten entscheiden sich dafür, heute zu konsumieren und später zu sparen, während andere Staaten heute sparen und später umso mehr konsumieren wollen. Ungleichgewichtige Leistungs- und Kapitalbilanzsalden implizieren damit keinen wirtschaftspolitischen Handlungsbedarf.

Aufgabe 5-28: Gesamtwirtschaftlicher Wohlstand

Beurteilen Sie die Eignung von Pro-Kopf-Indikatoren für die Messung des gesamtwirtschaftlichen Wohlstands.

Lösung

Zur Beurteilung der wirtschaftlichen Entwicklung eines Landes genügt es nicht, ausschließlich die Raten des absoluten Wirtschaftswachstums zu analysieren. Gerade zahlreichen Entwicklungsländern könnte so nämlich ein hervorragendes Wachstum bescheinigt werden, obwohl der gesellschaftliche Wohlstand konstant auf niedrigem Niveau verbleibt. Wichtig ist es stattdessen, auch das Bevölkerungswachstum zu berücksichtigen. Ist dessen Wachstumsrate nämlich ebenfalls hoch, so wird sich kaum eine Verbesserung der wirtschaftlichen Lage des Einzelnen erzielen lassen. Nur das Wirtschaftswachstum pro Kopf sagt etwas über die konkrete Entwicklung des „Reichtums" einer Volkswirtschaft aus.

Aufgabe 5-29: Wirtschaftswachstum

Eines der im Stabilitätsgesetz von 1967 genannten Ziele ist ein „stetiges und angemessenes Wirtschaftswachstum". Erläutern Sie dieses Ziel und gehen Sie dabei auch auf Aspekte der intergenerationalen Gerechtigkeit ein.

Lösung

Der Begriff des stetigen Wirtschaftswachstums zielt auf eine kontinuierliche Entwicklung einer Volkswirtschaft ab, die möglichst ohne allzu große konjunkturelle Schwankungen erfolgen sollte. Ein Schrumpfen der Volkswirtschaft soll dabei ebenso vermieden werden wie nur kurzfristiges übergroßes Wachstum.

Die Angemessenheit des Wirtschaftswachstums erfordert zum einen eine Vereinbarkeit mit dem im Gesetz genannten Hauptziel des gesamtwirtschaftlichen Gleichgewichts, in dem das Wachstum möglichst so stark ist, dass es mit einer Erreichung der weiteren im Gesetz genannten Ziele (Stabilität des Preisniveaus, hohem Beschäftigungsstand und außenwirtschaftlichem Gleichgewicht) einhergeht. Sie muss aber auch weitere Aspekte wie beispielsweise die Frage der generationsübergreifenden Gerechtigkeit oder die globale Wirtschaftsentwicklung berücksichtigen.

Aufgabe 5-30: Demografischer Wandel

Demografischer Wandel führt zu einer Vielzahl von Herausforderungen. Zeigen Sie diese Herausforderungen auf und erläutern Sie kurz, welche ökonomischen Probleme damit insbesondere einhergehen.

Lösung

Der demografische Wandel ist eines der gravierendsten Probleme vieler Gesellschaften. Der Begriff steht dabei für eine verstärkte Alterung der Gesellschaft, die zum einen aus einer steigenden Lebenserwartung und zum anderen aus einer sinkenden Geburtenrate resultiert. Dies führt zu weitreichenden Veränderungen wie beispielsweise einer Verschiebung politischer und gesellschaftlicher Schwerpunkte.

Auch Volkswirtschaften werden durch den demografischen Wandel vor große Herausforderungen gestellt. Aus gesamtwirtschaftlicher Sicht führen die sinkenden Geburtenraten dazu, dass der Anteil der Erwerbsbevölkerung zurückgeht; dem Arbeitsmarkt stehen insgesamt weniger Menschen zur Verfügung. Gleichzeitig droht durch das Ausscheiden vieler älterer Menschen aus dem Arbeitsmarkt ein Verlust von Wissen und Erfahrung, der aufgrund des Fachkräftemangels nicht kompensiert werden kann. Dies führt langfristig nicht nur zu einer sinkenden Produktivität sondern auch zu weniger Innovationen und damit zu einer Gefährdung der Wirtschaftsstandorte.

Weitere Herausforderungen sind beispielsweise die sich ändernde Nachfrage einer alternden Gesellschaft und die Aufrechterhaltung des Sozialstaates.

5.2.2 Kompakttraining zu Kapitel 5.2

Sind die folgenden Aussagen richtig oder falsch?
a) Das Stabilitätsgesetz von 1967 nennt neben einem stabilen Preisniveau und einem hohen Beschäftigungsstand auch eine gerechte Einkommensverteilung und Nachhaltigkeit des Wirtschaftens als gesamtwirtschaftliche Ziele.
b) Friktionelle Arbeitslosigkeit ist für die Betroffenen meist nur von kurzer Dauer.
c) Strukturelle Arbeitslosigkeit tritt insbesondere in Transformationsstaaten auf.
d) Das Okun'sche Gesetz unterstellt, dass jeder Extraprozentpunkt an Arbeitslosigkeit oberhalb der natürlichen Arbeitslosenrate zwei Prozentpunkte des BIPs kostet.
e) Ein andauernder Rückgang des Preisniveaus wird als Deflation bezeichnet.
f) Geld hat in einer arbeitsteiligen Volkswirtschaft insbesondere folgende Funktionen: Zahlungsmittel, Prestigeobjekt, Kreditmittel.
g) Ein Mittel, um die Folgen von Inflation zu lindern, ist die Indexierung von Löhnen und Renten.
h) Wenn es aufgrund von Inflation zu einer Umverteilung des Vermögens kommt, sind die Schuldner die Verlierer und die Gläubiger die Gewinner.

i) Die Zahlungsbilanz einer Volkswirtschaft setzt sich zusammen aus der Leistungsbilanz, der Kapitalbilanz und der Devisenbilanz.

j) Eine Zahlungsbilanz wird nur dann als ausgeglichen bezeichnet, wenn der Devisenbilanzsaldo gleich Null ist.

Lösung

a) Falsch. *Hinweis: Eine gerechte Einkommensverteilung und Nachhaltigkeit sind Ziele, die sich viele Volkswirtschaften und sicherlich auch die Bundesrepublik Deutschland auf ihre Agenda schreiben. Sie sind jedoch nicht im Stabilitätsgesetz fixiert. Das Stabilitätsgesetz nennt explizit ausschließlich die folgenden Ziele: ein stetiges und angemessenes Wirtschaftswachstum, einen hohen Beschäftigungsstand, ein stabiles Preisniveau sowie ein außenwirtschaftliches Gleichgewicht. Weiterhin werden keinerlei Quantifizierungen dieser Ziele vorgenommen.*

b) Richtig.

c) Richtig.

d) Richtig.

e) Richtig.

f) Falsch. *Hinweis: Auch wenn Geld für viele Menschen durchaus ein Prestigeobjekt sein kann und auch bei der Vergabe von Krediten eine wichtige Rolle spielt, so stellen diese beiden Eigenschaften keine allgemeinen volkswirtschaftlichen Funktionen dar. Zu diesen Funktionen gehören neben der Tausch- oder Zahlungsmittelfunktion die Wertaufbewahrungsfunktion und die Rechenmittelfunktion.*

g) Richtig.

h) Falsch. *Hinweis: Eine Inflation führt dazu, dass der reale Wert des Geldes sinkt. Schulden werden üblicherweise in Geldeinheiten fixiert, somit verlieren auch sie im Verlauf einer Inflation an Wert. Ein Schuldner muss somit real gesehen weniger Mittel aufbringen, um seine Schulden zu bezahlen, der Gläubiger erhält somit weniger reales Vermögen zurück. Schuldner gehören daher zu den Gewinnern, Gläubiger zu den Verlierern der Inflation.*

i) Richtig.

j) Richtig.

5.3 Wirtschaftspolitische Bereiche und Instrumente

Um die im vorherigen Kapitel erarbeiteten Ziele verfolgen zu können, nutzt die Wirtschaftspolitik häufig komplexe Maßnahmenbündel. Ihr stehen verschiedene Instrumente mit unterschiedlichen Wirkungen zur Verfügung. Diese Instrumente lassen sich unterschiedlichen wirtschaftspolitischen Bereichen zuordnen. Eine erste – noch sehr grobe – Abgrenzung erfolgt zwischen Ordnungs- und Prozesspolitik, weitere Zuordnungen erfolgen anhand der verfolgten Ziele.

Schlüsselbegriffe: Ordnungspolitik, Prozesspolitik, Wettbewerbspolitik, Infrastrukturpolitik, öffentliche Güter, Verteilungspolitik, Subventionspolitik, Fiskalpolitik, Geldpolitik, Einkommenspolitik

5.3.1 Aufgaben und Lösungen zu Kapitel 5.3

Aufgabe 5-31: Politikbereiche (1)

Erläutern Sie die wesentlichen Unterschiede zwischen Ordnungs- und Prozesspolitik.

Lösung

Ordnungspolitik befasst sich mit den gesetzlich-institutionellen Rahmenbedingungen einer Volkswirtschaft. Sie versucht hiermit, besonders die langfristige (wirtschaftliche) Entwicklung zu beeinflussen, indem sie die grundsätzlichen Bedingungen des Wirtschaftens determiniert. Prozesspolitik hingegen impliziert staatliche Eingriffe in den Wirtschaftsablauf selbst. Sie zielt dabei hauptsächlich auf die kurz- bis mittelfristige Stabilisierung des Konjunkturverlaufs ab und greift dabei direkt in den Wirtschaftsprozess selbst ein.

Aufgabe 5-32: Politikbereiche (2)

Gehören die folgenden Bereiche zur Ordnungspolitik oder zur Prozesspolitik?
a) Fiskalpolitik
b) Wettbewerbspolitik
c) Subventionspolitik
d) Geldpolitik
e) Infrastrukturpolitik
f) Einkommenspolitik

Lösung
a) Prozesspolitik.
b) Ordnungspolitik.
c) Ordnungspolitik.
d) Prozesspolitik.
e) Ordnungspolitik.
f) Prozesspolitik.

Aufgabe 5-33: Politikbereiche (3)
In welchen Politikbereichen werden die folgenden Instrumente eingesetzt?
a) Mindestlohn
b) Kindergeld
c) Mindestreservesatz
d) Kohlesubvention
e) Antidiskriminierungsgesetz
f) Degressive Abschreibung
g) Wechselkurs

Lösung
a) Verteilungspolitik.
b) Verteilungspolitik.
c) Geldpolitik.
d) Infrastrukturpolitik.
e) Wettbewerbspolitik.
f) Fiskalpolitik.
g) Außenhandelspolitik.

Aufgabe 5-34: Politikbereiche (4)
Welchen wirtschaftspolitischen Bereich umfasst die Ordnungspolitik im engeren Sinne?

Lösung
Die Ordnungspolitik im engeren Sinne umfasst die Wettbewerbspolitik. Ihr Ziel ist es, die Selbststeuerungsfunktion der Marktprozesse zu gewährleisten.

Aufgabe 5-35: Geldpolitik
Nennen Sie drei geldpolitische Instrumente der Zentralbank und beschreiben Sie diese kurz.

Lösung
Offenmarktpolitik: Die Offenmarktpolitik dient allgemein der Beeinflussung der umlaufenden Zentralbankgeldmenge. Die Zentralbank kann am Geld- und Kapitalmarkt Wertpapiere gegen Zentralbankgeld kaufen und verkaufen. Dies dient im Wesentlichen der Feinsteuerung der Bankenliquidität und des Zinsniveaus am Geld- und Kapitalmarkt.

Mindestreservepolitik: Mit der Festlegung des Mindestreservesatzes kann die Zentralbank festlegen, in welcher Höhe die Kreditinstitute für ihre Bankverbindlichkeiten Guthaben bei der Zentralbank hinterlegen müssen. Sie kann somit Einfluss auf den Geld- und Kreditschöpfungsspielraum der Kreditinstitute nehmen und hiermit auch indirekt das Kreditzinsniveau beeinflussen.

Refinanzierungspolitik: Mit diesem Instrument kann die Zentralbank die Bedingungen gestalten, untern denen sich Kreditinstitute kurzfristig bei der Zentralbank refinanzieren können.

Aufgabe 5-36: Verteilungspolitik

Erläutern Sie den Unterschied zwischen verteilungspolitischen Eingriffen in die Primärverteilung und entsprechenden Eingriffen in die Sekundärverteilung der Einkommen.

Lösung

Eine Beeinflussung der Primäreinkommen mittels verteilungspolitischer Eingriffe setzt bei den Faktoreinkommen selbst an. Es wird versucht, bereits diese Einkommen, die sich unmittelbar aus den Produktions- und Marktprozessen ergeben, zu korrigieren. Dies kann die Löhne und Gehälter ebenso betreffen wie Zinsen, Mieten oder Gewinne.

Eine Beeinflussung der Einkommensverteilung, welche bei der Sekundärverteilung ansetzt, versucht nicht direkt in die Marktprozesse einzugreifen, sondern die hierbei entstandenen Einkommensverhältnisse nachträglich zu korrigieren. Hierzu können beispielsweise Steuern und Transferzahlungen genutzt werden.

Aufgabe 5-37: Zyklische Budgetgestaltung (1)

Was versteht man unter einer zyklischen Budgetgestaltung?

Lösung

Als zyklische Budgetgestaltung wird der Verzicht eines Staatshaushaltes auf einen jährlichen Budgetausgleich zugunsten einer zyklischen, kompensatorischen Budgetgestaltung bezeichnet. Der Staat soll damit eine aktive konjunkturpolitische Rolle einnehmen: In Zeiten des konjunkturellen Abschwungs soll er mit einer Erhöhung der Staatsnachfrage die Wirtschaft „ankurbeln", in Zeiten des konjunkturellen Aufschwungs mit einer Erhöhung der Steuern eine „Überhitzung" vermeiden.

Aufgabe 5-38: Zyklische Budgetgestaltung (2)

Welche Probleme können eine funktionierende zyklische Budgetgestaltung verhindern?

Lösung

Die Theorie der zyklischen Budgetgestaltung sieht vor, dass die wirtschaftspolitischen Entscheidungsträger das anschiebende oder bremsende wirtschaftspolitische Instrumentarium immer genau im richtigen Moment und im richtigen Umfang einsetzen. Die Theorie geht dabei jedoch von wenig realistischen Annahmen aus: Sie nimmt an, dass die Entscheidungsträger sowohl allwissend als auch benevolent, also ausschließlich am Gemeinwohl interessiert, sind. Außerdem unterstellt sie, dass ergriffene wirtschaftspolitische Maßnahmen sofort wirken und immer zu den gleichen Ergebnissen führen.

Diese Annahmen sind in der Realität jedoch nicht erfüllt. Die Wirksamkeit des wirtschaftpolitischen Instrumentariums hängt in großem Umfang vom Verhalten der Marktteilnehmer ab. Diese können auf ein und dieselbe Maßnahme jedoch je nach Situation unterschiedlich reagieren. Die wirtschaftspolitischen Entscheidungsträger treffen ihre Entscheidungen daher immer unter Unsicherheit hinsichtlich der Wirksamkeit der gewählten Maßnahmen.

Weiterhin tritt die Wirkung der Maßnahmen in den meisten Fällen nicht sofort ein. Die zeitliche Verzögerung wird zudem durch oftmals langwierige politische Entscheidungsprozesse verstärkt. Dies kann im schlechtesten Fall dazu führen, dass politische Maßnahmen ihre Wirkung mit einer solchen zeitlichen Verschiebung entfalten, dass sie einer ungewollten konjunkturellen Entwicklung nicht entgegenwirken, sondern diese stattdessen noch verstärken.

Zuletzt ist die Annahme der Benevolenz kritisch zu beleuchten: Da auch eine zyklische Budgetgestaltung einen Budgetausgleich vorsieht, der mit einer Erhöhung der Steuern und/oder einer Kürzung der Staatsausgaben einhergeht, müssen die wirtschaftspolitischen Entscheidungsträger diese Maßnahmen zu einem bestimmten Zeitpunkt durchführen. Dies wird von einem Großteil der Wirtschaftssubjekte jedoch als unpopulär empfunden. Weil es sich bei den Betroffenen zugleich aber um Wählerinnen und Wähler handelt und die wirtschaftspolitischen Entscheidungsträger ein starkes Interesse daran haben, wiedergewählt zu werden, treffen sie ihre Entscheidungen häufig eher unter politischen als unter ökonomischen Gesichtspunkten.

5.3.2 Kompakttraining zu Kapitel 5.3

Sind die folgenden Aussagen richtig oder falsch?

a) Offenmarktpolitik und Antimonopolpolitik sind Instrumente der Wettbewerbspolitik.

b) Die Aufgaben der Geldpolitik werden von den privaten Geschäftsbanken wahrgenommen.

c) Die Abgrenzung zwischen Ordnungs- und Prozesspolitik geht auf einen Vorschlag von Altbundeskanzler Helmut Schmidt zurück.

d) Die Wahrnehmung der Infrastrukturpolitik durch den Staat verbietet die Privatisierung des öffentlichen Personennahverkehrs.

e) Öffentliche Güter sind Güter, auf die eine Körperschaft des öffentlichen Rechts ein Patent angemeldet hat.

f) Die zyklische Budgetgestaltung ist für die Bundesrepublik Deutschland im Grundgesetz verankert.

g) Der zentrale nationale Träger der Wettbewerbspolitik ist das Bundeskartellamt.

h) Steuervergünstigungen an Unternehmen gehören zu den Subventionen.

i) Prozesspolitische Eingriffe werden von der keynesianischen Wirtschaftspolitik als notwendig angesehen.

j) Die Strukturpolitik wird in der Regel mit der Prozesspolitik zusammen unter dem Oberbegriff der Ordnungspolitik zusammengefasst.

Lösung

a) Falsch. *Hinweis: Die Offenmarktpolitik gehört zum Instrumentarium der Geldpolitik und dient zur Feinsteuerung der Bankenliquidität und des Zinsniveaus auf dem Geld- und Kapitalmarkt.*

b) Falsch. *Hinweis: Auch wenn die Geschäftsbanken am Geldschöpfungsprozess beteiligt sind, sind sie nicht Träger der Geldpolitik. Die Befugnis geldpolitische Entscheidungen zu treffen und durchzusetzen haben üblicherweise die Zentralbanken. In der Europäischen Union sind die EZB und das ESZB Träger der Geldpolitik.*

c) Falsch. *Hinweis: Die Abgrenzung zwischen Ordnungs- und Prozesspolitik wurde bereits vor der Zeit Helmut Schmidts vorgenommen. Sie geht zurück auf den Ökonomen Walter Eucken (1891–1950).*

d) Falsch. *Hinweis: Generell widerspricht das Betreiben von Infrastrukturpolitik nicht einer Privatisierung des öffentlichen Personennahverkehrs. Es ist durchaus möglich, dass der Staat die Erbringung entsprechender Beförderungsdienstleistungen an private Unternehmen abtritt. Ein entsprechender*

Ausschluss ist nicht gegeben. Allerdings sollten einige Einschränkungen be-achtet werden. Im Rahmen der Infrastrukturpolitik wird in der Regel die Schaffung eines für wirtschaftliche Aktivitäten förderlichen Rahmens von Seiten des Staates verfolgt. Zu diesem Rahmen kann auch ein funktionieren-des Verkehrsnetz gehören. Wenn dieses funktionierende Verkehrsnetz im Rahmen einer Privatisierung geschädigt wird, sollte der Staat als Betreiber der Infrastrukturpolitik von einer entsprechenden Privatisierung Abstand nehmen.

e) Falsch. *Hinweis: Öffentliche Güter sind Güter, welche sich durch die Eigen-schaften der Nicht-Ausschließbarkeit und der Nicht-Rivalität im Konsum aus-zeichnen. Hierzu gehören beispielsweise Landesverteidigung oder Deiche.*

f) Richtig.

g) Richtig.

h) Richtig.

i) Richtig.

j) Falsch. *Hinweis: Üblicherweise wird eine Abgrenzung zwischen Ordnungs- und Strukturpolitik einerseits und Prozesspolitik andererseits vorgenommen. Ziel der Ordnungs- und Strukturpolitik ist es im Wesentlichen, eine Rahmenord-nung vorzugeben und Einfluss auf die langfristige wirtschaftliche Entwicklung einer Volkswirtschaft zu nehmen. Ziel der Prozesspolitik ist hingegen die kurz- bis mittelfristige Beeinflussung des Konjunkturverlaufs mittels aktiver Eingriffe in die Wirtschaftsprozesse.*

5.4 Wirtschaftspolitische Umsetzung der gesamtwirtschaftlichen Ziele

In diesem Kapitel werden nun die Ziele und die Instrumente der Wirtschaftspoli-tik zusammengebracht. Anhand konkreter Beispiele soll erarbeitet werden, wie ein Einsatz der genannten Mittel die Verfolgung der wirtschaftspolitischen Ziele ermöglicht. Insbesondere werden dabei die Bekämpfung von Arbeitslosigkeit und Inflation betrachtet.

Schlüsselbegriffe: Hysteresis, Staatsverschuldung, Zentralbankunabhängigkeit, Indexierung, Interdependenz, weltwirtschaftspolitische Koordinierung

5.4.1 Aufgaben und Lösungen zu Kapitel 5.4

Aufgabe 5-39: Arbeitsmarktpolitik (1)

Erläutern Sie die Wirkung einer Geldmengenerhöhung auf die Beschäftigung.

Lösung

Stellt die Zentralbank der Volkswirtschaft mehr Geld zur Verfügung, so führt dies der keynesianischen Kausalkette folgend über eine Zinssenkung zu einer Erhöhung der Investitionsnachfrage und damit auch der aggregierten Gesamtnachfrage. Um diese erhöhte Gesamtnachfrage befriedigen zu können, ist eine Erhöhung des Outputs und damit eine Ausweitung der Nachfrage nach dem Produktionsfaktor Arbeit erforderlich. Die Beschäftigung nimmt zu.

Aufgabe 5-40: Arbeitsmarktpolitik (2)

Nennen Sie fünf Elemente aktiver Arbeitsmarktpolitik.

1) Qualifikation von Arbeitslosen.
2) Information und Vermittlung.
3) Lohnsubventionen.
4) Arbeitsbeschaffungsmaßnahmen.
5) Förderung von Unternehmensgründungen durch Arbeitslose.

Aufgabe 5-41: Staatsverschuldung (1)

Welche der folgenden gesamtwirtschaftlichen Budgetbeschränkungen gelten in einer Volkswirtschaft? Begründen Sie Ihre Antwort.

a) $Y \geq T$ mit Y : = Einkommen, T : = Steuern
b) $G \leq T$ mit G : = Staatsausgaben, T : = Steuern

Lösung

a) Diese Budgetbeschränkung muss gelten. Der Staat kann höchsten so viel Steuern erheben, wie Einkommen in der Volkswirtschaft zur Verfügung steht. Allerdings sollte er dabei bedenken, dass insbesondere im Fall $Y = T$, also im Fall einer vollständigen Besteuerung kaum Anreiz für die Wirtschaftssubjekte mehr besteht, überhaupt produktiv tätig zu werden.

b) Diese Budgetbeschränkung gilt nur dann, wenn der Staat keine Möglichkeit hat, sich zu verschulden. Kann der Staat Geld leihen und zu einem späteren Zeitpunkt zurückzahlen, so kann auch $G > T$ gelten. In Deutschland wurde diese Möglichkeit mit dem Übergang vom jährlichen zum zyklischen Budgetausgleich geschaffen.

Aufgabe 5-42: Staatsverschuldung (2)

In einer Volkswirtschaft liegt folgende Situation vor: Die Staatsschuld aus der Vorperiode (B_{-1}^{gesamt}) beträgt 500 Mio. Euro, das Steueraufkommen der Analyseperiode (T) beträgt 100 Mio. Euro. Die Staatsausgaben der Analyseperiode (G) betragen 150 Mio. Euro. Es werden ein gesamtwirtschaftliches Preisniveau (P) in Höhe von 1 und ein gesamtwirtschaftlicher Zinssatz (i) in Höhe von 5 % angenommen. Berechnen Sie das primäre Budgetdefizit, die Zinszahlungen auf die Staatsschuld und das staatliche Budgetdefizit.

Lösung

Das primäre Budgetdefizit ist die Differenz zwischen den in der betrachteten Periode getätigten Staatsausgaben und den in derselben Periode vereinnahmten Steuern:

$$B_0^{primär} = P(G - T) = 150 - 100 = 50 \text{ Mio. Euro.}$$

Die Zinszahlungen sind auf die gesamte Staatsschuld der Vorperiode zu zahlen:

$$i \cdot B_{-1}^{gesamt} = 0,05 \cdot 500 = 25 \text{ Mio. Euro.}$$

Das staatliche Budgetdefizit umfasst sowohl das primäre Budgetdefizit als auch die Belastungen aus den Zinszahlungen:

$$B_0^{gesamt} = B_0^{primär} + i \cdot B_{-1}^{gesamt} = 50 + 25 = 75 \text{ Mio. Euro.}$$

Aufgabe 5-43: Internationale Politikkoordinierung

Erläutern Sie die Vor- und Nachteile internationaler Politikkoordinierung.

Lösung

In einer immer stärker vernetzten Welt ermöglicht internationale Politikkoordinierung eine verstärkte Berücksichtigung der Interdependenz als neues Strukturprinzip der internationalen Politik. Internationale Politikkoordinierung kann nationalstaatlich-protektionistische Maßnahmen ersetzen und damit eine unerwünschte Desintegration und die mit ihr verbundenen gesamtwirtschaftlichen Ineffizienzen vermeiden. Ein Mangel an Koordinierung der globalen ökonomischen Aktivitäten kann dazu führen, dass auftretende Externalitäten nicht oder nur unzureichend internalisiert werden. Internationale Koordinierung bedeutet also die Möglichkeit einer gesamtwirtschaftlichen Wohlfahrtssteigerung. Sie kann zudem die „Machtlosigkeit" der nationalen Wirtschaftspolitik gegenüber der international agierenden Privatwirtschaft reduzieren. Durch das Schaffen kontinuierlicher (wirtschaftlicher) Beziehungen und eines Klimas des Miteinanders kann internationale Politikkoordinierung außerdem einen Beitrag zur Vertiefung und Stabilisierung zwischenstaatlicher Beziehungen und zur Sicherung des Weltfriedens leisten.

Neben diesen Vorteilen, die durch internationale Politikkoordinierung erzielt werden können, verursachen entsprechende Regelungen jedoch auch Kosten. Diese Kosten entstehen zum einen durch den Organisationsaufwand, der mit der Einrichtung und Durchführung entsprechender Maßnahmen einhergeht, und zum anderen durch Folgekosten in Form von eigenen Nebeneffekten oder Externalitäten.

Aufgrund einer fehlenden weltstaatlichen Kontrollinstanz bietet sich für die einzelnen Staaten zudem die Möglichkeit des Trittbrettfahrerverhaltens, was zu einer erhöhten Labilität der Kooperations- und Koordinierungsvereinbarungen führt.

5.4.2 Kompakttraining zu Kapitel 5.4

Sind die folgenden Aussagen richtig oder falsch?
a) Die Neue Klassische Makroökonomik geht davon aus, dass es keine freiwillige Arbeitslosigkeit gibt.
b) Der Monetarismus war eine Gegenströmung zum Keynesianismus.
c) Offenmarktoperationen sind ein Mittel der Konjunkturpolitik.
d) Gemäß den Annahmen des Hysteresisproblems liegt die strukturelle Arbeitslosigkeit in Europa bei konstant 3,5 %.
e) Das staatliche Budgetdefizit berücksichtigt keine Zinszahlungen.
f) Als sekundäres Budgetdefizit wird die Differenz zwischen Staatsausgaben und Steuereinnahmen bezeichnet.
g) Zentralbankunabhängigkeit ist ein Mittel zur Verhinderung der Seignioragefinanzierung.
h) Zentralbankunabhängigkeit erhöht die Inflationsgefahr.
i) In Deutschland wird das einkommenspolitische Instrument der Indexierung zurzeit nicht eingesetzt.
j) Weltwirtschaftliche Koordinierung wird ausschließlich durch die nationalen Wirtschaftspolitiken betrieben.

Lösung

a) Falsch. *Hinweis: Die Neue Klassische Makroökonomie geht davon aus, dass zumindest ein Teil der in einer Volkswirtschaft vorliegenden Arbeitslosigkeit aufgrund freiwilliger Entscheidungen der privaten Wirtschaftsakteure besteht. Die Bereitschaft zu arbeiten ist demnach ein Teil des individuellen Nutzenkalküls.*

b) Richtig.

c) Richtig.

d) Falsch. *Hinweis: Hysteresis bezieht sich auf die Höhe der strukturellen Arbeitslosigkeit. Entsprechende Werte sind keine Konstanten, sie können u. a. durch aktive Arbeitsmarktpolitik beeinflusst werden.*

e) Falsch. *Hinweis: Das staatliche Budgetdefizit berücksichtigt neben der Differenz zwischen Staatsausgaben und Staatseinnahmen der laufenden Periode (primäres Budgetdefizit) auch die Zinszahlungen auf die Staatsschuld aus der vorangegangenen Periode.*

f) Falsch. *Hinweis: Der Begriff des sekundären Budgetdefizits ist ungebräuchlich. Allgemein wird die Differenz zwischen Staatsausgaben und Staatseinnahmen als Budgetdefizit bezeichnet. Der Ausdruck „primäres Budgetdefizit" wird zudem für das neu entstehende Budgetdefizit der laufenden Periode verwendet.*

g) Richtig.

h) Falsch. *Hinweis: Zentralbankunabhängigkeit gilt als Mittel zur Erhöhung der Glaubwürdigkeit der Geldpolitik. Hiermit einher geht in der Regel eine verbesserte Preisniveaustabilität – also weniger Inflation.*

i) Falsch. *Hinweis: Indexierung bedeutet, die automatische Anpassung bestimmter Geldzahlungen im Bezug zu anderen sich verändernden Größen. In Deutschland sind beispielsweise die Renten an die Lohnentwicklung gebunden.*

j) Falsch. *Hinweis: Die Reichweite nationaler Wirtschaftspolitik ist für die internationale Politikkoordinierung nicht ausreichend. Hier werden zusätzlich internationale Institutionen benötigt. Beispiele sind der Internationale Währungsfonds, die Welthandelsorganisation oder die Weltbank.*

6 Globalisierung und Weltwirtschaftspolitik

6.1 Globalisierung – Grundlage der Weltwirtschaftspolitik

Nachdem Sie sich in den vorangegangenen Abschnitten ausführlich mit den Aufgaben, Zielen und Instrumenten der nationalen Wirtschaftspolitik beschäftigt haben, wird in diesem Kapitel der Fokus auf den internationalen Rahmen erweitert.[1] Konkret werden Aspekte der Globalisierung, also der internationalen Vernetzung ökonomischen Handelns einzelner Wirtschaftssubjekte analysiert.

Schlüsselbegriffe: Globalisierung, globale Gütermärkte, globale Investitionen, globale Finanzmärkte, globale Migration von Arbeitskräften, Wechselkursmechanismus, komparative Kostenvorteile

6.1.1 Aufgaben und Lösungen zu Kapitel 6.1

Aufgabe 6-1: Globalisierung
Erläutern Sie, was man unter „Globalisierung" versteht. Gehen Sie dabei besonders auf die ökonomisch bedeutsamen Aspekte der Globalisierung ein.

Lösung
Charakteristische Merkmale der Globalisierung sind die zunehmende Integration und Interdependenz von Volkswirtschaften und der wachsende Austausch von Technologien, Informationen, Ideen und Kulturen über nationalstaatliche Grenzen hinweg. Aus ökonomischer Sicht geht es um die Zunahme internationaler Wirtschaftsbeziehungen und um die wachsende internationale Verflechtung der Märkte. Durch den wachsenden Anteil grenzüberschreitend verlaufender privatwirtschaftli-

---

1 Dieses Kapitel geht über die Inhalte vieler „klassischer" Einführungen in die Volkswirtschaftslehre, insbesondere im Rahmen grundständiger wirtschaftswissenschaftlicher Studiengänge, hinaus. Dies gilt auch für den Kurs „Einführung in die Volkswirtschaftslehre", welcher an der FernUniversität in Hagen angeboten wird. Dennoch sind grundlegende Kenntnisse der Strukturen internationaler Wirtschaftsbeziehungen sowie weltwirtschaftspolitischer Zusammenhänge so unerlässlich, dass hier zumindest ein erster Einstieg in diese Thematik gegeben werden soll. Dieser soll Ihnen nicht nur die Möglichkeit geben, entsprechende internationale Fragestellungen grundlegend einordnen zu können, sondern Ihnen auch eine interdisziplinäre Verknüpfung mit beispielsweise politikwissenschaftlichen Aspekten ermöglichen. Sollten Sie die hier behandelten Fragestellungen weiter vertiefen wollen, möchten wir Sie auf das in den Literaturempfehlungen genannte Buch „Einführung in die Weltwirtschaftspolitik. Internationale Wirtschaftsbeziehungen – Internationale Organisationen – Internationale Politikkoordinierung" von Wagner (2014) verweisen.

https://doi.org/10.1515/9783111252667-006

cher Transaktionen an der gesamten Wirtschaftstätigkeit wachsen die einzelnen Märkte zunehmend zusammen. Dies gilt insbesondere für den internationalen Handel von Gütern und Dienstleistungen (globale Gütermärkte), für Direktinvestitionen im Ausland (globale Investitionsströme), für internationale Finanztransaktionen und Portfolioinvestitionen (globale Finanzmärkte) und für die internationale Arbeitskräftewanderung (globale Migration von Arbeitskräften).

Aufgabe 6-2: Globale Gütermärkte

Welche der folgenden Aussagen zu den globalen Gütermärkten und dem internationalen Handel sind korrekt?

a) Die Beseitigung oder Verringerung von Zöllen und nicht-tarifäre Handelshemmnissen kann nur bilateral erfolgen.

b) Technische Neuerungen ermöglichen einen Rückgang der Transport- und Informationskosten.

c) Intra-industrieller Handel kann für eine Volkswirtschaft entweder nur zu hohen Exportquoten oder nur zu hohen Importquoten führen.

d) Steigende Skalenerträge spielen auf internationalen Gütermärkten keine Rolle.

e) Laut der Vent-for-surplus-Theorie kann eine Ursache für internationalen Handel in einem Überangebot an Gütern in einer oder mehreren Volkswirtschaften liegen.

Lösung

a) Falsch. *Hinweis: Die Mehrheit der grundlegenden Handelserleichterungen im internationalen Raum wurde im Rahmen der multilateralen GATT[2]-Verhandlungsrunden erzielt. Diese Regelungen gelten im Wesentlichen für alle WTO[3]-Mitglieder und beschränken die Möglichkeiten für zusätzliche rein bilaterale Abkommen sogar in einigen Bereichen.*

b) Richtig.

c) Falsch. *Hinweis: Beim intra-industriellen Handel findet die Spezialisierung zwischen den Teilsektoren eines Wirtschaftszweiges statt, d. h. es werden ähnliche oder sogar gleiche Produkte gehandelt. So können beispielsweise gleichzeitig deutsche Autos nach Frankreich und französische Autos nach Deutschland exportiert werden. Dies kann gleichzeitig zu relativ hohen Export- und Importquoten führen.*

d) Falsch. *Hinweis: Steigende Skalenerträge sind ein wesentlicher Faktor für die Entstehung (internationaler) Handelsbeziehungen. Steigende Skalenerträge*

---

2 „GATT" steht für „General Agreement on Tariffs and Trade".
3 „WTO" steht für „World Trade Organization".

kennzeichnen eine Produktion, bei der mit wachsenden Produktionsmengen die Kosten je produzierter Einheit sinken. Im internationalen Handel erhöht dies für die einzelnen Volkswirtschaften den Anreiz, sich auf die Produktion weniger Produkte zu spezialisieren und die übrigen Produkte im Handel mit anderen Volkswirtschaften einzutauschen. So lassen sich Kosteneinsparpotentiale realisieren ohne auf ein breites Güterangebot verzichten zu müssen.

e) Richtig.

Aufgabe 6-3: Globale Lieferketten

Nennen Sie die Herausforderungen, denen sich Unternehmen stellen müssen, die in ihrer Produktion auf den Zugang zu internationalen Gütermärkten angewiesen sind.

Lösung

Unternehmen nutzen internationale Gütermärkte aus unterschiedlichen Gründen. Zum einen gibt es Produktionsfaktoren, die nur in anderen Ländern verfügbar sind, hierzu gehören beispielsweise bestimmte Rohstoffe. Zum anderen variieren bei einigen Produktionsfaktoren die Preise in den verschiedenen Ländern stark, so dass es für Unternehmen rentabel sein kann, diese in anderen Ländern einzukaufen. Dies gilt insbesondere auch für Zwischenprodukte.

Die so entstehende Internationalisierung der Märkte führt jedoch auch zu neuen Herausforderungen: Auf den internationalen Gütermärkten treffen Anbieter und Nachfrager aus verschiedenen Volkswirtschaften zusammen. Dies führt vor allem bei knappen Produktionsfaktoren zu einer verstärkten Konkurrenz, die wiederum Lieferengpässe bedingen kann. Zudem können sich konjunkturelle Entwicklungen aus den einzelnen Volkswirtschaften auf die internationalen Gütermärkte auswirken und durch diese in andere Volkswirtschaften übertragen werden.

Für die einzelnen Unternehmen bedeutet dies neben teilweise stark schwankenden Preisen auch die Gefahr, die eigene Produktion aufgrund von verzögerten oder ausbleibenden Lieferungen einschränken zu müssen.

Weitere Risiken für die internationalen Gütermärkte stellen internationale und globale politische Krisen dar: Durch Kriege und internationale Gewalt kommt die Wirtschaft der beteiligten Staaten zum Erliegen, da es häufig zu Embargos, Handelsboykotten und einer Blockade von Handelswegen kommt.

Aufgabe 6-4: Komparative Kostenvorteile

In dieser Aufgabe geht es um Ricardos Theorie der komparativen Kostenvorteile. Betrachtet wird ein Modell mit zwei Ländern und zwei Gütern. Die Zahl der Arbeitstage, die benötigt wird, um eine Einheit des jeweiligen Gutes zu produzieren, beträgt:

	Tomaten	Schuhe
England	9	27
Portugal	3	15

a) Bestimmen Sie die absoluten Kostenvorteile bei der Produktion beider Güter.

b) Bestimmen Sie die relativen Kostenvorteile bei der Produktion beider Güter.

c) Bestimmen Sie mögliche Handelsgewinne.

d) Beweisen Sie für das gegebene Zahlenbeispiel, dass Spezialisierung zu einer Steigerung der gesamten Produktion führen kann. (Lösungshinweis: Wählen Sie die Produktionsveränderungen hinreichend groß.)

Lösung

a) Bei der Bestimmung der absoluten Kostenvorteile werden die Produktionskosten eines Produktes in beiden Ländern verglichen: Sowohl die Produktion von Tomaten als auch die Produktion von Schuhen ist in Portugal günstiger als in England. Portugal hat daher bei der Produktion beider Güter einen absoluten Kostenvorteil.

b) Bei der Bestimmung der relativen Kostenvorteile werden die Verhältnisse der Produktionskosten beider Produkte auf jeweils einem nationalen Markt verglichen: In England werden zur Produktion einer Einheit Schuhe dreimal so viele Arbeitstage benötigt wie zur Produktion einer Einheit Tomaten. Nimmt man an, dass Arbeit der einzige zu entlohnende Produktionsfaktor ist und dass sich damit die Kosten (und damit die Preise) direkt aus dem Arbeitsaufwand ableiten lassen, so kann in England eine Einheit Tomaten gegen $\frac{1}{3}$ Einheiten Schuhe getauscht werden. Analog gilt in Portugal ein Tauschverhältnis von einer Einheit Tomaten zu $\frac{1}{5}$ Einheiten Schuhen. Damit hat Portugal einen relativen Kostenvorteil bei der Tomatenproduktion, England hingegen bei der Schuhproduktion.

c) Handelsgewinne lassen sich immer dann realisieren, wenn ein Land sich durch eine Beteiligung am internationalen Handel besserstellt als im Zustand vollkommener Autarkie. In England kann eine Einheit Schuhe gegen drei Einheiten Tomaten getauscht werden. Wird diese Einheit Schuhe hingegen in Portugal angeboten, so bringt sie ihrem Anbieter fünf Einheiten Tomaten ein. England kann also Handelsgewinne durch den Export von Schuhen und den gleichzeitigen Import von Tomaten erzielen. In Portugal hingegen kann eine Einheit Tomaten gegen $\frac{1}{5}$ Einheiten Schuhe getauscht werden. Wird diese Einheit Tomaten hingegen in England angeboten, so bringt sie ihrem Anbieter $\frac{1}{3}$ Einheiten Schuhe ein. Portugal kann also Handelsgewinne durch den Export von Tomaten und den gleichzeitigen Import von Schuhen erzielen.

d) Verlagert England beispielsweise 81 Einheiten des Produktionsfaktors Arbeit von der Tomatenproduktion in die Schuhproduktion, so führt dies dazu, dass hier zwar zum einen 9 Einheiten Tomaten weniger produziert werden, zum anderen aber 3 Einheiten Schuhe mehr produziert werden. Verlagert Portugal nun 30 Einheiten des Produktionsfaktors Arbeit von der Schuhproduktion in die Tomatenproduktion, so führt dies dazu, dass hier zwar zum einen 2 Einheiten Schuhe weniger produziert werden, zum anderen aber 10 Einheiten Tomaten mehr produziert werden. Findet nun im Rahmen des internationalen Handels ein Austausch beider Güter zwischen den Ländern statt, können sich beide Länder besserstellen. Sowohl die insgesamt verfügbare Menge an Tomaten als auch die insgesamt verfügbare Menge an Schuhen ist gestiegen. Bei gleichbleibendem Einsatz des Produktionsfaktors Arbeit haben sich sowohl die Tomatenmenge als auch die Schuhmenge jeweils um eine Einheit erhöht. Dem Verzicht auf 9 Einheiten Tomaten in der englischen Produktion steht eine portugiesische Mehrproduktion in Höhe von 10 Einheiten gegenüber; dem Verzicht auf 2 Einheiten Schuhe in der portugiesischen Produktion steht eine englische Mehrproduktion in Höhe von drei Einheiten gegenüber.

Aufgabe 6-5: Offshoring

Was versteht man unter Offshoring?

Lösung

Unter Offshoring versteht man allgemein die Verlagerung von Unternehmensaktivitäten ins Ausland. Die Verlagerung kann sich dabei sowohl auf Dienstleistungen als auch auf die Produktion von Gütern beziehen. Die ausgelagerten Aktivitäten können entweder in einer ausländischen Zweigstelle desselben transnationalen Unternehmens stattfinden oder von einem anderen ausländischen Unternehmen übernommen werden.

Aufgabe 6-6: Wechselkursmechanismus

Welche Aussagen zum Wechselkursmechanismus sind korrekt?

a) Werden Güter in der Währung des Exportlandes fakturiert, so führt eine Überschussnachfrage in Land A nach Gütern aus Land B gleichzeitig zu einer Überschussnachfrage nach der Währung von Land A.

b) Eine Überschussnachfrage nach der Währung eines Landes führt (zumindest mittelfristig) bei flexiblen Wechselkursen zu einer Wechselkursänderung.

c) Wechselkursänderungen führen in der Regel zu einer Änderung des Konsumverhaltens in beiden Ländern und können so langfristige außenwirtschaftliche Ungleichgewichte verhindern.

d) Der Stabilisierungseffekt einer Wechselkursänderung tritt oftmals erst mit zeitlicher Verzögerung ein. Zunächst ist häufig eine weitere Entwicklung des Wechselkurses in die „falsche" Richtung zu beobachten. Dieses Reaktionsverhalten wird auch als „J-Kurven-Effekt" bezeichnet.

Lösung

a) Falsch. *Hinweis: Eine Überschussnachfrage nach Gütern aus Land B führt gleichzeitig zu einer Überschussnachfrage nach der Währung von Land B. Diese Währung wird verstärkt benötigt, um die von Land B exportierten Güter zu bezahlen.*

b) Richtig.

c) Richtig.

d) Richtig.

Aufgabe 6-7: Globale Arbeitsmärkte
Erläutern Sie, was man unter den Begriffen „Brain Drain" und „Brain Gain" versteht.

Lösung
Die Begriffe „Brain Drain" und „Brain Gain" beziehen sich auf die Veränderungen des Humankapitals einer Volkswirtschaft, die durch die Migration von Arbeitskräften entstehen können. Die beiden Begriffe nehmen dabei unterschiedliche Positionen bei der Bewertung der Migrationsfolgen ein. Während mit „Brain Drain" ein genereller Verlust von Humankapital durch die Abwanderung hoch qualifizierter Arbeiter oder Akademiker bezeichnet wird, nimmt „Brain Gain" eine positivere Position bei der Bewertung von Emigration ein. Unter anderem wird hierbei berücksichtigt, dass die Möglichkeiten zur Migration einen verstärkten Anreiz für Bildungsinvestitionen darstellen können, der zu einer vermehrten Bildung von Humankapital in einer Volkswirtschaft führt. Auch ein (Re-)Import von Wissen durch eine spätere Rückkehr der Migranten in ihre Heimatländer wird hier berücksichtigt.

6.1.2 Kompakttraining zu Kapitel 6.1

Sind die folgenden Aussagen richtig oder falsch?

a) Das Phänomen der Globalisierung trat erstmals in den 1990er Jahren auf.

b) Geschlossene Volkswirtschaften gehören zu den Verlierern des Globalisierungsprozesses.

c) Schwellenländer gehören zu den Verlierern des Globalisierungsprozesses.

d) Unter ausländischen Direktinvestitionen im engeren Sinne versteht man die Schaffung von Realkapital durch Ausländer.

e) Ausländische Direktinvestitionen können auch als Instrument der Entwicklungsförderung in weniger entwickelten Volkswirtschaften eingesetzt werden.

f) Offshoring kann nicht als Outsourcing betrieben werden.

g) J-Kurven-Effekte können nur bei einem System fester Wechselkurse auftreten.

h) Joint Ventures bieten den beteiligten Firmen eine Möglichkeit der Risikoteilung.

i) Internationaler Handel ist nur dann vorteilhaft, wenn jedes der beteiligten Länder bei einem der gehandelten Güter über absolute Kostenvorteile verfügt.

j) Internationale Portfolioinvestitionen können aufgrund ihrer Kurzfristigkeit Finanz- und Währungskrisen verursachen.

Lösung

a) Falsch. Hinweis: Bereits im 19. Jahrhundert erlebten die internationalen Wirtschaftsbeziehungen eine erste Blütezeit.

b) Richtig.

c) Falsch. *Hinweis: Auch Schwellen- und Entwicklungsländer können von der Globalisierung profitieren, indem sie beispielsweise ausländische Direktinvestitionen ins Land holen oder sich an den globalen Finanzmärkten refinanzieren.*

d) Richtig.

e) Richtig.

f) Falsch. *Hinweis: Offshoring, also die Verlagerung von Unternehmensaktivitäten ins Ausland, kann auch als Outsourcing, also als gleichzeitige Auslagerung der Aktivitäten in ein fremdes Unternehmen, betrieben werden.*

g) Falsch. *Hinweis: J-Kurven-Effekte treten bei flexiblen Wechselkursen auf.*

h) Richtig.

i) Falsch. *Hinweis: Auch bei nur komparativen Kostenvorteilen können Gewinne aus dem internationalen Handel realisiert werden.*

j) Richtig.

6.2 Realisierte weltwirtschaftspolitische Regelungsmechanismen

In diesem Kapitel geht es um die Weltwirtschaftspolitik, also die Reaktion der Politik auf die zuvor betrachteten veränderten globalisierten Rahmenbedingungen ökonomischen Handelns. Auch wenn bislang keine umfassende globale „Wirtschaftsregierung" gibt, wurden in den vergangenen Jahrzehnten eine Reihe von internationalen Organisationen und Regelungen etabliert, welche das ökonomische Miteinander nachhaltig gestalten und prägen. Diese sollen ebenso betrachtet werden wie exemplarische regionale Organisationen, die die wirtschaftliche Integration einzelner Regionen zum Ziel haben.

Schlüsselbegriffe: Internationale Organisationen, Internationaler Währungsfonds (IWF), Welthandelsorganisation (WTO), Bank für Internationalen Zahlungsausgleich (BIZ), Organisation für Wirtschaftliche Zusammenarbeit und Entwicklung (OECD), Europäische Wirtschafts- und Währungsunion (EWWU), Weltwirtschaftsgipfel

6.2.1 Aufgaben und Lösungen zu Kapitel 6.2

Aufgabe 6-8: Internationale Organisationen
Nennen Sie für jeden der folgenden Bereiche der Weltwirtschaftspolitik zwei internationale Organisationen, deren Aktivitäten schwerpunktmäßig diesem Bereich zuzuordnen sind:
a) Welthandel
b) Internationale Finanzmärkte
c) Entwicklung
d) Energieversorgung und Umweltschutz

Lösung
a) Welthandelsorganisation (WTO) und United Nations Conference of Trade and Development (UNCTAD)
b) Internationaler Währungsfonds (IWF) und Bank für Internationalen Zahlungsausgleich (BIZ)
c) Organisation für Wirtschaftliche Zusammenarbeit und Entwicklung (OECD) und Internationale Bank für Wiederaufbau und Entwicklung (IBRD)
d) Organisation erdölexportierender Länder (OPEC) und International Energy Agency (IEA)

Aufgabe 6-9: Internationaler Währungsfonds (IWF)
Welche Aussagen zum Internationalen Währungsfonds (IWF) sind korrekt?
a) Der IWF wurde zusammen mit der Welthandelsorganisation (WTO) im Jahr 1944 in Bretton Woods gegründet.
b) Nach dem Zusammenbruch des Bretton-Woods-Systems wurde der IWF abgeschafft. Erst nach dem Ende des Kalten Krieges erfolgte seine Neugründung mit dem Ziel, die ehemals kommunistischen Staaten im Transformationsprozess zu unterstützen.
c) Der IWF wurde seit seiner Gründung mehrfach reformiert.

d) Zu den Aufgaben des IWF gehören die Bereitstellung kurz- und mittelfristiger Finanzhilfen an seine Mitglieder sowie die multilaterale und die länderspezifische Überwachung und die technische Hilfe als umfassende Beratung in verschiedenen Bereichen der Wirtschaftspolitik.

e) Die Quotenregelung des IWF wird vor allem von den Schwellenländern kritisiert.

Lösung

a) Falsch. *Hinweis: Die Gründung des IWF erfolgte zusammen mit der Gründung der Weltbank. Eine ebenso weitreichende Regelung konnte in Handelsfragen zu diesem Zeitpunkt nicht erzielt werden.*

b) Falsch: *Hinweis: Der IWF blieb seit 1944 durchgehend bestehen, auch wenn sich seine Aufgaben veränderten.*

c) Richtig.

d) Richtig.

e) Richtig.

Aufgabe 6-10: Welthandelsorganisation (WTO)

Erläutern Sie die wesentlichen Grundsätze, zu deren Einhaltung sich die Mitglieder der Welthandelsorganisation (WTO) verpflichten.

Lösung

Die Mitglieder der WTO verpflichten sich zum Abbau tarifärer und nichttarifärer Handelsbeschränkungen (Grundsatz der Liberalisierung). Zudem soll die Gewährung handelspolitischer Erleichterungen gegenseitig erfolgen (Grundsatz der Gegenseitigkeit oder Reziprozität). Auch müssen Handelsvergünstigungen, die ein Mitgliedsland einem anderen Land gewährt, ebenso allen anderen Mitgliedsländern gewährt werden (Grundsatz der Nicht-Diskriminierung oder Meistbegünstigung).

Aufgabe 6-11: Regionale Organisationen

Nennen Sie drei regionale Organisationen, die für die Realisierung weltwirtschaftspolitischer Regelungen von Bedeutung sind.

Lösung

Als wohl bekannteste und in ihrem Integrationsgrad am weitesten fortgeschrittene regionale Organisation ist die Europäische Union (EU) bzw. die Europäische Wirtschafts- und Währungsunion (EWWU) zu nennen. Weitere bedeutsame regionale Organisationen sind die Nordamerikanische Freihandelszone (NAFTA) sowie Association of South East Asian Nations (ASEAN).

Aufgabe 6-12: Formen der Integration

In dieser Aufgabe geht es um die regionale Integration, also um den Zusammenschluss mehrerer unabhängiger Volkswirtschaften zu einem Wirtschaftsraum. Ein solcher Zusammenschluss wird üblicherweise in mehreren Schritten vollzogen. Erläutern Sie die verschiedenen Stufen der wirtschaftlichen Integration.

Lösung

Das Zusammenwachsen bis dahin unabhängiger Volkswirtschaften zu einem gemeinsamen Wirtschaftsraum erfolgt in folgenden aufeinander aufbauenden Stufen:

(1) Errichtung von Freihandelszonen: Tarifäre und nichttarifäre Handelsbeschränkungen zwischen den Mitgliedsländern werden abgebaut mit dem Ziel eines freien Austauschs von Waren und Dienstleistungen.

(2) Einführung einer Zollunion: Ergänzend werden gemeinsame Zollbestimmungen gegenüber Drittländern eingeführt.

(3) Aufbau gemeinsamer Märkte: Auch die Beschränkungen für den Verkehr der Produktionsfaktoren Arbeit und Kapital werden aufgehoben. Ziel ist eine grenzüberschreitende Faktormobilität.

(4) Einführung einer Wirtschaftsunion: Die Mitgliedsstaaten harmonisieren weite Bereiche ihrer Wirtschaftspolitik, insbesondere ihre Ordnungspolitik.

(5) Einführung einer Währungsunion: Die Mitgliedsstaaten garantieren eine vollständige Konvertibilität ihrer Währungen sowie die Aufhebung sämtlicher Beschränkungen des Kapitalverkehrs und eine unwiderrufliche Fixierung der Wechselkurse. Dies impliziert häufig die Einführung einer gemeinsamen Währung.

Aufgabe 6-13: Weltwirtschaftsgipfel

Welche Aussagen zu den Weltwirtschaftsgipfeln sind korrekt?

a) Bei den Weltwirtschaftsgipfeln handelt es sich um internationale Koordinierungstreffen auf höchster politischer Ebene.

b) Ausgangspunkt für die Etablierung der Weltwirtschaftsgipfel war die desaströse wirtschaftliche Lage in Europa am Ende des Zweiten Weltkrieges.

c) Zu den Hauptaufgaben der Weltwirtschaftsgipfel gehört neben der Vertrauensbildung auch die symbolische Wirkung dieser Gespräche auf höchster politischer Ebene.

d) An den Weltwirtschaftsgipfeln nehmen die Staats- und Regierungschefs der G20-Staaten teil.

e) Im Rahmen der Weltwirtschaftsgipfel werden regelmäßig verbindliche Vereinbarungen getroffen.

Lösung

a) Richtig.

b) Falsch. *Hinweis: Die Weltwirtschaftsgipfel wurden erstmals in den 1970er Jahren als Reaktion auf verschiedene ökonomische und politische Schocks initiiert.*

c) Richtig.

d) Falsch: *Hinweis. An den Treffen nehmen die Staats- und Regierungschefs der G7-Staaten teil.*

e) Falsch: *Hinweis: Die Treffen dienen vorwiegend zum Schaffen eines „guten weltwirtschaftpolitischen Klimas".*

Aufgabe 6-14: Wirtschaftsbeziehungen und Krieg

Was wird als Thukydides-Falle bezeichnet?

Lösung

Der US-amerikanische Politikwissenschaftler Graham T. Allison prägte den Begriff der Thukydides-Falle für die Tendenz zu kriegerischen Auseinandersetzungen zwischen einer aufstrebenden Macht und einer bestehenden Großmacht. Der Begriff ist abgeleitet vom Namen des griechischen Philosophen Thukydides, der den Peloponnesischen Krieg zwischen Athen und Sparta, ausgelöst durch die Angst Spartas vor der wachsenden Macht Athens, im 5. Jahrhundert v. Chr. beschreibt.

In der Geschichte gibt es viele Beispiele für derartige Verteidigungsstrategien von Hegemonialmächten, die häufig zu einem Krieg ausarteten. Konkret zeigte Allison die hohe Wahrscheinlichkeit für einen Krieg, wenn sich eine bestehende Großmacht durch eine aufstrebende Macht in ihrer regionalen oder internationalen Vorherrschaft bedroht sieht. Allison nennt als aktuelles Beispiel für einen potentiellen Konflikt die Situation zwischen den Vereinigten Staaten und der Volksrepublik China.

6.2.2 Kompakttraining zu Kapitel 6.2

Sind die folgenden Aussagen richtig oder falsch?

a) Der Internationale Währungsfonds (IWF) und die Weltbank werden üblicherweise als Schwesterorganisationen bezeichnet.

b) Die Welthandelsorganisation (WTO) befasst sich ausschließlich mit Fragen des internationalen Güterhandels.

c) Zu den Aufgaben der Bank für Internationalen Zahlungsausgleich (BIZ) gehört die uneingeschränkte Finanzierung von Staatsdefiziten.

d) Die Europäische Wirtschafts- und Währungsunion (EWWU) bietet allen Mitgliedsstaaten eine Opting-out-Klausel an.

e) Alle Mitgliedsstaaten der Europäischen Union (EU) sind automatisch Mitglieder der Europäischen Wirtschafts- und Währungsunion (EWWU).

Lösung

a) Richtig.

b) Falsch. *Hinweis: Die WTO trifft auch Regelungen für den Austausch von Dienstleistungen sowie für den Schutz geistigen Eigentums.*

c) Falsch. *Hinweis: Die BIZ darf keine Staatsdefizite finanzieren.*

d) Falsch. *Hinweis: Die Opting-out-Klausel, also die Möglichkeit einer Verweigerung der Teilnahme an der Währungsunion trotz der Erfüllung aller Konvergenzkriterien, wurde nur Großbritannien und Dänemark zugestanden. Alle anderen Mitglieder müssen bei einer Erfüllung der Konvergenzkriterien an der Währungsunion teilnehmen.*

e) Falsch. *Hinweis: Ohne eine Erfüllung der Konvergenzkriterien erfolgt keine Aufnahme in die EWWU.*

7 Finale Klausurvorbereitung und weitere Hinweise zur Klausur

Wenn Sie die vorangegangenen Kapitel sorgfältig durchgearbeitet haben, sollte einem erfolgreichen Bestehen der Klausur eigentlich nichts mehr im Wege stehen. Sie haben zahlreiche Aufgabenvarianten bearbeitet, die wichtigsten Methoden mehrfach eingeübt und sich ein umfassendes volkswirtschaftliches Grundwissen angeeignet.

In diesem Kapitel haben Sie nun zunächst die Möglichkeit, dieses Wissen noch einmal zu testen. Im nachfolgenden Abschnitt 7.1 stellen wir Ihnen hierfür vier „echte" Klausuren zur Verfügung. Zu jeder Klausur finden Sie dabei auch Angaben zur vorgesehenen Klausurdauer, den vorgesehenen Hilfsmitteln sowie der Gewichtung der einzelnen Aufgaben.

Jedoch haben uns unsere Erfahrungen aus den letzten dreizehn Jahren, in denen wir an der FernUniversität in Hagen entsprechende Klausuren angeboten haben, gezeigt, dass selbst bei einer noch so guten Vorbereitung sowohl der Klausurtag als auch die Klausur selbst noch einige – vielleicht überraschende – Stolperfallen parat haben.

Daher erlauben wir uns, in den Abschnitten 7.2 und 7.3 noch einige Hinweise zu geben:

Wir beginnen dabei im Abschnitt 7.2 erneut mit organisatorischen Aspekten und gehen anschließend im Abschnitt 7.3 nochmals in einem kurzen Überblick auf die typischen inhaltlichen Fallen ein, die in einer VWL-Klausur versteckt sein können.

7.1 Vollständige Klausuren

7.1.1 Klausur 1

Die nachfolgende Klausur umfasst Fragen aus sämtlichen Bereichen der Volkswirtschaftslehre. Sämtliche Fragen werden dabei als Multiple Choice-Fragen des Typs „1 aus n" gestellt. Dies bedeutet, dass immer genau eine der angegebenen Antworten richtig ist. Sie sollten die Klausur in etwa 60 Minuten bearbeiten können. Das einzige verwendete Hilfsmittel sollte dabei ein nicht programmierbarer Taschenrechner sein. In der Klausur sind maximal 50 Punkte erreichbar.

https://doi.org/10.1515/9783111252667-007

Aufgabe 1 (4 Punkte)

In einer Fabrik wird heute dreimal so viel Kapital und Arbeit eingesetzt wie gestern. Der Output dieser Fabrik ist heute doppelt so hoch wie gestern.

Welche der nachfolgenden Aussagen zu den Skalenerträgen der Fabrik ist richtig?

a) Die Fabrik hat steigende Skalenerträge.
b) Die Fabrik hat konstante Skalenerträge.
c) Die Fabrik hat fallende Skalenerträge.
d) Keine der Aussagen a bis c ist korrekt.

Lösung

Antwort c ist richtig. (Vgl. auch Aufgabe 3-25.)

Aufgabe 2 (6 Punkte)

Ein Monopolist sieht sich einer Nachfrage gegenüber, die mit folgender Funktion beschrieben werden kann:

$$p(x) = 280 - 6x \quad \text{mit } x \geq 0 \text{ und } p \geq 0.$$

Die Produktion verursacht folgende Kostenstruktur:

$$K_{\text{fix}} = 193 \quad \text{und} \quad K_{\text{var}} = 6x^2 + 40x.$$

Welche der nachfolgenden Aussagen zu dem Preis, zu dem der Monopolist anbieten wird, ist richtig? (3 Punkte)

a) $p = 220$.
b) $p = 10$.
c) $p = 202$.
d) Keines der Ergebnisse a bis c ist korrekt.

Lösung

Antwort a ist richtig. (Vgl. auch Aufgabe 3-42 und Aufgabe 3-43.)

Welche der nachfolgenden Aussagen zu dem Gewinnmaximierungskalkül eines Monopolisten ist richtig? (3 Punkte)

a) Für das Gewinnmaximierungskalkül des Monopolisten gilt: Preis = Grenzkosten.
b) Für das Gewinnmaximierungskalkül des Monopolisten gilt: Preis = Grenzerlös.
c) Für das Gewinnmaximierungskalkül des Monopolisten gilt: Grenzerlös = Grenzkosten.
d) Keine der Aussagen a bis c ist korrekt.

Lösung

Antwort c ist richtig. (Vgl. auch Lernhilfe 2.)

Aufgabe 3 (6 Punkte)

Auf einem Markt lassen sich das Angebot $x^s(p)$ und die Nachfrage $x^d(p)$ durch folgende Funktionen des Preises p beschreiben:

$$x^s(p) = \frac{5}{3} + \frac{1}{6}p$$

$$x^d(p) = \frac{11}{3} - \frac{1}{12}p$$

Welche der nachfolgenden Aussagen zu der am Markt gehandelten Gleichgewichtsmenge ist richtig? (3 Punkte)

a) $x^d = x^s = 3$.

b) $x^d = x^s = 8$.

c) $x^d = x^s = \frac{17}{3}$.

d) Keines der Ergebnisse a bis c ist korrekt.

Lösung

Antwort a ist richtig. (Vgl. auch Aufgabe 3-29.)

Der Staat führt einen Mindestpreis ein, der 25 % über dem Marktpreis liegt. Welche der nachfolgenden Aussagen zu den nun angebotenen und nachgefragten Mengen ist richtig? (3 Punkte)

a) $x^s = \frac{19}{6}$ und $x^d = \frac{33}{12}$.

b) $x^s = 103$ und $x^d = \frac{17}{6}$.

c) $x^s = 53$ und $x^d = \frac{17}{3}$.

d) Keines der Ergebnisse a bis c ist korrekt.

Lösung

Antwort b ist richtig. (Vgl. auch Aufgabe 3-37.)

Aufgabe 4 (4 Punkte)

Das Preisniveau einer Volkswirtschaft liegt in einer Periode bei $P_0 = 6,4$. In der nachfolgenden Periode steigt es auf $P_1 = 7,3$.

Welche der nachfolgenden Aussagen zur Inflationsrate ist richtig?

a) Die Inflationsrate beträgt 14,06 %.

b) Die Inflationsrate beträgt 0,14 %.

c) Die Inflationsrate beträgt −12,33 %.

d) Keine der Aussagen a bis c ist korrekt.

Lösung

Antwort a ist richtig. (Vgl. auch Aufgabe 4-16 und Aufgabe 4-17.)

Aufgabe 5 (5 Punkte)

Die LM-Kurve ist der geometrische Ort aller Kombinationen von Zins und Einkommen, bei denen der Geldmarkt im Gleichgewicht ist.

Nachfolgend soll von einem $(Y-i)$-Koordinatensystem ausgegangen werden, in dem Y auf der horizontalen und i auf der vertikalen Achse abgetragen werden.

Welche der nachfolgenden Aussagen zu den Punkten, die nicht auf der LM-Kurve liegen, ist richtig?

a) In allen Punkten unterhalb der LM-Kurve besteht ein Überschussangebot am Geldmarkt.

b) Alle Punkte oberhalb der LM-Kurve zeichnen sich dadurch aus, dass bei vorgegebenem Geldangebot und Preisniveau die reale Geldnachfrage zu hoch ist, weil das Einkommen zu hoch und/oder der Zins zu gering ist.

c) Alle Punkte unterhalb der LM-Kurve zeichnen sich dadurch aus, dass bei vorgegebenem Geldangebot und Preisniveau die reale Geldnachfrage zu gering ist, weil das Einkommen zu gering und/oder der Zins zu hoch ist.

d) Keine der Aussagen a bis c ist korrekt.

Lösung

Antwort d ist richtig. (Vgl. auch Aufgabe 4-47 und Aufgabe 4-48.)

Aufgabe 6 (4 Punkte)

Jana wird gebeten Jazz, Heavy Metal und Rap-Musik entsprechend ihrer Präferenzen zu ordnen. Dabei gibt sie an, dass sie Heavy Metal lieber hört als Rap, Rap lieber hört als Jazz und Jazz lieber hört als Heavy Metal.

Welche der nachfolgenden Aussagen zu Janas Präferenzen ist richtig?

a) Janas Präferenzen sind konsistent.

b) Janas Präferenzen sind transitiv.

c) Janas Präferenzen sind vollständig.

d) Die Aussagen a bis c sind alle korrekt.

Lösung

Antwort c ist richtig. (Vgl. auch Aufgabe 3-1.)

Aufgabe 7 (6 Punkte)

Lukas trinkt gerne Kölsch (K) und Riesling (R). Er hat dabei folgende Nutzenfunktion:

$$U = (K-2)^2 \cdot \left(\frac{1}{2}R - 2\right)^2 \quad \text{mit } K \geq 2 \text{ und } R \geq 4.$$

In der Ausgangssituation besitzt Lukas 8 Flaschen Kölsch und 12 Flaschen Riesling.

Welche der nachfolgenden Antworten zu Lukas Gesamtnutzen (U) in der beschriebenen Ausgangssituation ist richtig? (3 Punkte)

a) $U = 96$.
b) $U = 576$.
c) $U = 3600$.
d) Keines der Ergebnisse a bis c ist korrekt.

Lösung
Antwort b ist richtig. (Vgl. auch Aufgabe 3-5.)

Ausgehend von der Ausgangssituation hätte Steffi von Lukas gerne 3 Flaschen Kölsch (K) im Tausch gegen Riesling (R). Welche der nachfolgenden Antworten auf die Frage, wie viele Flaschen Riesling (R) Steffi Lukas anbieten muss, damit dieser seinen Gesamtnutzen (U) nicht vermindert, ist richtig? (3 Punkte)

a) $R = 3$.
b) $R = 6$.
c) $R = 8$.
d) Keines der Ergebnisse a bis c ist korrekt.

Lösung
Antwort c ist richtig. (Vgl. auch Aufgabe 3-5.)

Aufgabe 8 (5 Punkte)
Die Cobb-Douglas-Produktionsfunktion kann vereinfacht wie folgt dargestellt werden:

$$x = A \cdot v_1^a \cdot v_2^b$$

Dabei steht x für die Produktionsmenge, v_1 für den Produktionsfaktor Arbeit und v_2 für den Produktionsfaktor Kapital. a und b geben die partiellen Produktionselastizitäten an und A ist ein Niveauparameter. Für A, a und b gilt:

$$A = 1$$

$$0 < a < 1$$

$$0 < b < 1$$

Welche der folgenden Aussagen zur Cobb-Douglas-Produktionsfunktion ist richtig?

a) Die Produktionselastizität des Kapitals gibt an, um wie viel Prozent der Gewinn steigt, wenn der Kapitaleinsatz um ein Prozent erhöht wird.
b) Die Kreuzpreiselastizität der Cobb-Douglas-Produktionsfunktion nach v_1 und v_2 lautet $x_{v1v2} = a \cdot b \cdot v_1^{1-a} \cdot v_2^{1-b}$.

c) Für $b + a < 1$ weist die Cobb-Douglas-Produktionsfunktion steigende Skalenerträge auf.

d) Keine der Aussagen a bis c ist korrekt.

Lösung

Antwort d ist richtig. (Vgl. auch Aufgabe 3-16.)

Aufgabe 9 (5 Punkte)

In einer Volkswirtschaft beträgt der Mindestreservesatz 2 %. Ferner liegt die Bargeldquote bei 18 %. Der Volkswirtschaft steht insgesamt eine Geldmenge $M_1 = 70.800.000$ Euro zur Verfügung.

Wie groß ist die von der Zentralbank zur Verfügung gestellte monetäre Basis B?

a) 61.200.000 Euro.

b) 417.720.000 Euro.

c) 12.000.000 Euro.

d) Keines der Ergebnisse a bis c ist korrekt.

Lösung

Antwort c ist richtig. (Vgl. auch Aufgabe 4-38.)

Aufgabe 10 (5 Punkte)

Die Arbeitslosenquote wird als Prozentsatz der registrierten Arbeitslosen an den Erwerbspersonen definiert.

Welche der folgenden Aussagen zur Arbeitslosigkeit ist richtig?

a) Friktionelle Arbeitslosigkeit ist eine Form der freiwilligen Arbeitslosigkeit.

b) Strukturelle und konjunkturelle Arbeitslosigkeit können zur natürlichen Arbeitslosigkeit zusammengefasst werden.

c) Die unfreiwillige Arbeitslosigkeit umfasst ausschließlich registrierte Arbeitslose, von denen man annimmt, dass sie zum herrschenden Lohnsatz arbeiten wollen.

d) Keine der Aussagen a bis c ist korrekt.

Lösung

Antwort d ist richtig. (Vgl. auch Aufgabe 5-13.)

7.1.2 Klausur 2

Die nachfolgende Klausur umfasst Fragen aus sämtlichen Bereichen der Volkswirtschaftslehre. Sämtliche Fragen werden dabei als Multiple Choice-Fragen des Typs „1 aus n" gestellt. Dies bedeutet, dass immer genau eine der angegebenen

Antworten richtig ist. Sie sollten die Klausur in etwa 60 Minuten bearbeiten können. Das einzige verwendete Hilfsmittel sollte dabei ein nicht programmierbarer Taschenrechner sein. In der Klausur sind maximal 50 Punkte erreichbar.

Aufgabe 1 (6 Punkte)

Ein Unternehmen hält in Periode 1 ein Patent auf ein Gut (x) und agiert entsprechend als Monopolist. Die Produktion verursacht fixe Kosten in Höhe von 50 Euro und variable Kosten in Höhe von 4 Euro. Der Monopolist sieht sich einer Nachfrage gegenüber, die sich durch die Funktion

$$p(x) = 40 - 2x$$

beschreiben lässt.

Welche der Antworten zur optimalen Angebotsmenge des Monopolisten x^* und dem entsprechenden Angebotspreis ist richtig?

a) $x^* = 9$ und $p^* = 22$.
b) $x^* = 10$ und $p^* = 20$.
c) $x^* = 19$ und $p^* = 2$.
d) Keines der Ergebnisse a bis c ist korrekt.

Lösung

Antwort a ist richtig. (Vgl. auch Aufgabe 3-42 und Aufgabe 3-43.)

Aufgabe 2 (6 Punkte)

Gegeben sind folgende Angaben aus einer VGR:

Gütersteuern	550
Unternehmens- und Vermögenseinkommen	1.400
Produktionswert	7.000
Abschreibungen	2.100
Arbeitnehmerentgelt	600
Importe	350
Vorleistungen (einschließlich FISIM)	3.800
Gütersubventionen	900
Exporte	1.200

Berechnen Sie das Bruttoinlandsprodukt. (3 Punkte)

a) 1.750.
b) 2.850.
c) 3.550.
d) Keines der Ergebnisse a bis c ist korrekt.

Lösung

Antwort b ist richtig. (Vgl. auch Aufgabe 4-13.)

Berechnen Sie den Anteil des Unternehmens- und Volkseinkommens am Volkseinkommen. (3 Punkte)

a)   40 %.

b)   70 %.

c)   80 %.

d)   Keines der Ergebnisse a bis c ist korrekt.

Lösung

Antwort b ist richtig. (Vgl. auch Aufgabe 4-13.)

Aufgabe 3 (4 Punkte)

Welche der folgenden Aussagen zu externen Effekten ist richtig?

a)   Positive externe Effekte entstehen dadurch, dass unbeteiligte Dritte durch eine Transaktion einen Schaden erleiden, für den sie nicht kompensiert werden.

b)   Externe Effekte sind Güter, die aufgrund ihrer besonderen Eigenart nicht oder nicht hinreichend von Unternehmen der Privatwirtschaft bereitgestellt werden und deshalb vom Staat bereitgestellt werden müssen, um private Bedürfnisse zu befriedigen.

c)   Externe Effekte sind eine Form des Marktversagens und können dazu führen, dass Güter nicht in effizienten Mengen bereitgestellt werden.

d)   Keine der Aussagen a bis c ist korrekt.

Lösung

Antwort c ist richtig. (Vgl. auch Aufgabe 3-45.)

Aufgabe 4 (5 Punkte)

Durch Preiskontrollen kann der Staat als Außenstehender das Gleichgewicht auf dem Markt für ein Gut beeinflussen.

Welche der folgenden Aussagen über derartige staatliche Preiskontrollen ist richtig?

a)   Ein staatlich festgelegter Mindestpreis ist wirksam, wenn der Gleichgewichtspreis ohne staatliche Eingriffe über diesem Preis liegt.

b)   Ein staatlich festgelegter Mindestpreis kann zu einer Überschussnachfrage führen.

c)   Ein staatlich festgelegter Höchstpreis kann zu einer Überschussnachfrage führen.

d)   Keine der Aussagen a bis c ist korrekt.

Lösung

Antwort c ist richtig. (Vgl. auch Aufgabe 3-38.)

Aufgabe 5 (5 Punkte)

Märkte werden in der Volkswirtschaftslehre häufig anhand der Anzahl der auf ihnen vertretenen Anbieter und Nachfrager klassifiziert.

Welche der folgenden Aussagen zu den unterschiedlichen Marktformen ist richtig?

a) Bei der Marktform des Angebotsoligopols stehen wenige Anbieter vielen Nachfragern gegenüber.

b) Bei der Marktform des beschränkten Angebotsmonopols stehen wenige Anbieter einem Nachfrager gegenüber.

c) Bei der Marktform des Monopsons steht ein Anbieter vielen Nachfragern gegenüber.

d) Keine der Aussagen a bis c ist korrekt.

Lösung

Antwort a ist richtig. (Vgl. auch Aufgabe 3-39.)

Aufgabe 6 (5 Punkte)

Die Cobb-Douglas-Produktionsfunktion kann vereinfacht wie folgt dargestellt werden:

$$x = A \cdot v_1^a \cdot v_2^b$$

Dabei stehen x für die Produktionsmenge, v_1 für den Produktionsfaktor Arbeit und v_2 für den Produktionsfaktor Kapital. a und b geben die partiellen Produktionselastizitäten an und A ist ein Niveauparameter.

Für A, a und b gilt:

$$A = \frac{9}{3}$$

$$a = \frac{4}{5}$$

$$b = \frac{1}{3}$$

Welche der Aussagen zu dieser Produktionsfunktion ist richtig?

a) Die Kreuzableitung der Cobb-Douglas-Produktionsfunktion nach v_1 und v_2 lautet $\frac{\partial^2 x}{\partial v_1 v_2} = v_1^{\frac{1}{5}} \cdot v_2^{-\frac{2}{3}}$.

b) Das Grenzprodukt des Kapitals lautet $\frac{\partial^2 x}{\partial v_2} = v_1^{\frac{4}{5}} \cdot v_2^{-\frac{2}{3}}$.

c) Die Cobb-Douglas-Produktionsfunktion weist konstante Skalenerträge auf.

d) Keine der Aussagen a bis c ist korrekt.

Lösung

Antwort d ist richtig. (Vgl. auch Aufgabe 3-16.)

Aufgabe 7 (4 Punkte)

Prozesspolitik umfasst die Summe aller wirtschaftspolitischen Maßnahmen, die bei gegebenen Rahmenbedingungen der jeweiligen Wirtschaftsordnung den Wirtschaftsprozess beeinflussen.

Welche der Aussagen zum prozesspolitischen Instrumentarium der Wirtschaftspolitik ist richtig?

a) Fiskalpolitik bezeichnet den Einsatz privater Ausgaben und Einnahmen zur Verwirklichung gesamtwirtschaftlicher Ziele, insbesondere zur Behebung eines gesamtwirtschaftlichen Ungleichgewichts.

b) Einkommenspolitik bezeichnet den staatlichen Versuch der Preisniveaustabilisierung mittels direkter Beeinflussung der Einkommensgestaltung.

c) Geldpolitik beinhaltet alle wirtschaftspolitischen Maßnahmen zur Regelung der Geldversorgung, ungeachtet der gesamtwirtschaftlichen Ziele.

d) Keine der Aussagen a bis c ist korrekt.

Lösung

Antwort b ist richtig. (Vgl. auch Aufgabe 5-32.)

Aufgabe 8 (4 Punkte)

Die Abbildung zeigt mehrere Güterbündel (J, K, L, M) in einem Zwei-Güter-Diagramm. Durch die gegebene Budgetgerade wird die Budgetbeschränkung eines Haushalts repräsentiert ($y = x_1 \cdot p_1 + x_2 \cdot p_2$). Dabei ist y das Einkommen des Haushalts, x_1 bzw. x_2 sind die von Gut 1 bzw. Gut 2 konsumierten Mengen und p_1 bzw. p_2 sind die Preise für eine Einheit von Gut 1 bzw. Gut 2. Weiterhin bilden die Indifferenzkurven I_1, I_2, I_3 die Präferenzen des Haushalts bezüglich der beiden Güter ab. Die Präferenzen des Haushalts sind vollständig und transitiv. Zudem gilt für beide Güter die Annahme der Nichtsättigung.

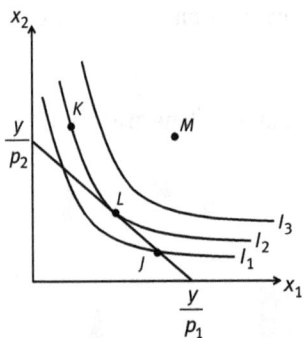

Welche der folgenden Aussagen zum Verhalten des Haushalts ist richtig?

a) Der Haushalt ist indifferent zwischen den Güterbündeln J und L.
b) Wenn der Haushalt das Güterbündel J konsumiert, verwendet er sein gesamtes Budget.
c) Der Haushalt präferiert das Güterbündel K gegenüber dem Güterbündel L.
d) Keine der Aussagen a bis c ist korrekt.

Lösung

Antwort b ist richtig. (Vgl. auch Aufgabe 3-10.)

Aufgabe 9 (6 Punkte)

In einer Volkswirtschaft sind folgende Werte für den autonomen Konsum (C^a), die Konsumneigung (c), die Staatsausgaben ($\bar{G}$), die Steuerzahlungen ($\bar{T}$) und die Investitionen ($\bar{I}$) bekannt:

$$C^a = 500$$

$$c = 0{,}2$$

$$\bar{G} = 100$$

$$\bar{T} = 20$$

$$\bar{I} = 400$$

Wie hoch ist das Einkommen (Y), wenn Vollbeschäftigung erreicht wird?

a) $Y = 1245$.
b) $Y = 996$.
c) $Y = 830$.
d) Keines der Ergebnisse a bis c ist korrekt.

Lösung
Antwort a ist richtig. (Vgl. auch Aufgabe 4-28.)

Aufgabe 10 (5 Punkte)
Welche der nachfolgenden Aussagen zum ökonomischen Prinzip ist richtig?
a) Gemäß dem ökonomischen Prinzip soll ein maximales Maß an Bedürfnisbe-friedigung mit minimalem Einsatz von Mitteln erzielt werden.
b) Gemäß dem Minimalprinzip soll mit einem möglichst hohen Einsatz von Mit-teln ein gegebenes Maß an Bedürfnisbefriedigung erzielt werden.
c) Gemäß dem Maximalprinzip soll mit gegebenen Mitteln ein möglichst hohes Maß an Bedürfnisbefriedigung erzielt werden.
d) Keine der Aussagen a bis c ist korrekt.

Lösung
Antwort c ist richtig. (Vgl. auch Aufgabe 2-2.)

7.1.3 Klausur 3

Die nachfolgende Klausur legt einen besonderen Fokus auf die gesamtwirtschaft-lichen Rahmenbedingungen unternehmerischen Handelns. Sie sollten sie in etwa 30 Minuten ohne die Nutzung weiterer Hilfsmittel bearbeiten können. In der Klausur sind maximal 40 Punkte erreichbar.

Aufgabe 1 (30 Punkte)
Im Stabilitätsgesetz von 1967 wird ein hoher Beschäftigungsgrad als eines der konkreten gesamtwirtschaftlichen Ziele festgeschrieben. Eine Verletzung dieses Ziels dokumentiert sich im Vorliegen von Arbeitslosigkeit.
a) Grenzen Sie die verschiedenen Formen der Arbeitslosigkeit voneinander ab. (10 Punkte)
b) Diskutieren Sie die Kosten, die in einer Volkswirtschaft durch Arbeitslosigkeit entstehen können. (20 Punkte)

Lösung
a) Die natürliche Arbeitslosigkeit setzt sich aus der friktionellen Arbeitslosigkeit und der strukturellen Arbeitslosigkeit zusammen. Diesen beiden Formen der Arbeitslosigkeit ist gemeinsam, dass sie nicht von der aktuellen konjunkturel-len Lage beeinflusst werden, sondern andere – wirtschaftspolitisch relativ schwer zu bekämpfende – Ursachen haben. Abzugrenzen ist die natürliche Ar-beitslosigkeit damit zum einen von der konjunkturellen Arbeitslosigkeit. Zum

anderen bildet sie mit dieser zusammen aber die unfreiwillige Arbeitslosigkeit und ist damit auch von der freiwilligen Arbeitslosigkeit abzugrenzen. Während von der natürlichen Arbeitslosigkeit Betroffene generell arbeiten wollen, ist dies für die freiwillig Arbeitslosen nicht der Fall. (Vgl. auch Aufgabe 5-13.)

b) Die zentralen ökonomischen Kosten der Arbeitslosigkeit entstehen durch Produktionsverlust: Ein Teil des Produktionsfaktors Arbeit wird nicht genutzt, sodass die vorhandenen Produktionsmöglichkeiten nicht voll ausgeschöpft werden und insofern Ineffizienz vorliegt. Außerdem löst Arbeitslosigkeit eine Umverteilung des Volkseinkommens und des Vermögens innerhalb der Gesellschaft aus. Wird diese Umverteilung (z. B. aus politischen oder sozialen Gründen) als nicht wünschenswert angesehen, kann der Staat die gesamtwirtschaftlichen Verluste mittels Steuer- und Sozialgesetzgebung auf alle Gesellschaftsmitglieder verteilen, hierdurch können allerdings auf dem Arbeitsmarkt negative Anreizmechanismen wirksam werden. Weiterhin gehen mit den gesamtwirtschaftlichen Verlusten auch geringere Steuereinnahmen einher. Diese führen zu einer höheren Staatsverschuldung und damit verbundenen höheren Zinszahlungsverpflichtungen des Staates und/oder zu geringeren Infrastrukturleistungen des Staates. Neben den ökonomischen treten auch nicht-ökonomische Kosten auf. Hierzu gehört für den einzelnen Betroffenen neben dem eigentlichen Positionsverlust der Verlust an Ansehen und Prestige in der Öffentlichkeit und in der Familie, sowie ein geringeres Selbstwertgefühl, welches zu innerer Instabilität und psychischen Problemen führen kann. Für die Gesellschaft als Ganzes bedeutet eine Zunahme der Arbeitslosigkeit in vielen Fällen die Gefahr der Zerrüttung traditioneller sozialer Bindungen und Wertesysteme. Auch durch diese nicht unmittelbar wirtschaftlichen Probleme entstehen immense ökonomische Folgekosten. (Vgl. auch Aufgabe 5-16.)

Aufgabe 2 (10 Punkte)

Sind die folgenden Aussagen richtig oder falsch?

a) Das Stabilitätsgesetz von 1967 kodifiziert die keynesianische Wirtschaftspolitik in der Bundesrepublik Deutschland. (2 Punkte)

b) Finanzpolitik beinhaltet alle wirtschaftspolitischen Maßnahmen zur Regelung der Geldversorgung unter Beachtung der gesamtwirtschaftlichen Ziele. Hierbei steht insbesondere das Ziel der Preisniveaustabilität im Vordergrund. (2 Punkte)

c) Die Aussage „Das Preisniveau steigt." ist identisch mit der Aussage „Der Wert des Geldes steigt." (2 Punkte)

d) Öffentliche Güter sind Güter, die aufgrund ihrer Eigenart nicht oder nicht hinreichend von privatwirtschaftlichen Unternehmen bereitgestellt werden und deshalb vom Staat bereitgestellt werden (müssen). (2 Punkte)

e) Ordnungspolitik zielt insbesondere auf die kurz- bis mittelfristige Stabilisierung des Konjunkturverlaufs in einer Volkswirtschaft ab. (2 Punkte)

Lösung

a) Richtig.
b) Falsch.
c) Falsch.
d) Richtig.
e) Falsch.

7.1.4 Klausur 4

Die nachfolgende Klausur legt einen besonderen Fokus auf die gesamtwirtschaftlichen Rahmenbedingungen unternehmerischen Handelns. Sie sollten sie in etwa 30 Minuten ohne die Nutzung weiterer Hilfsmittel bearbeiten können. In der Klausur sind maximal 40 Punkte erreichbar.

Aufgabe 1 (30 Punkte)

Mit Inflation, die auch als „tödliche Krankheit des marktwirtschaftlichen Systems" (Friedman) bezeichnet wird, wird oftmals die Angst vor dem Zusammenbruch des Geldsystems verbunden.

a) Erläutern Sie zunächst allgemein, welche Funktionen Geld in einer arbeitsteiligen Volkswirtschaft hat. (10 Punkte)

b) Diskutieren Sie nun, inwiefern diese Funktionen durch das Auftreten von Inflation betroffen sind. (15 Punkte)

c) Stellen Sie abschließend die zeitliche Reihenfolge dar, in der die unter b) beschriebenen Effekte auftreten. (5 Punkte)

Lösung

a) In einer arbeitsteiligen Volkswirtschaft hat Geld folgende drei Funktionen:
Tauschmittelfunktion: Die Existenz von allgemein akzeptiertem Geld ermöglicht es, den Austausch von Gütern wesentlich einfacher abzuwickeln. Die Transaktions- und Informationskosten sind wesentlich niedriger als in einer reinen Realtauschwirtschaft. Dies liegt vor allem daran, dass eine vollständige Übereinstimmung der Kauf- und Verkaufswünsche der beiden Parteien nicht mehr erforderlich ist. Will ein Wirtschaftssubjekt ein Gut A

verkaufen und dafür ein Gut B kaufen, so benötigt er in einer reinen Real-tauschwirtschaft einen Vertragspartner, der gleichzeitig Gut A kaufen und Gut B verkaufen will. In einer Geldwirtschaft genügt es, wenn er irgendeinen Käufer für sein Gut A und irgendeinen (anderen) Anbieter von Gut B findet. **Rechenmittelfunktion:** Auch der Einsatz von Geld als Rechenmittel redu-ziert die Informationskosten und damit die Gesamtkosten einer Gütertrans-aktion. Durch die Verwendung von Geld als Numéraire sinkt die Anzahl der Austauschrelationen zwischen n handelbaren Gütern von $\frac{n^2-n}{2}$ auf $n-1$. Dies verbessert die Übersichtlichkeit und erhöht die Vergleichbarkeit. **Wertaufbe-wahrungsmittelfunktion:** Ist es möglich, durch die Haltung von Geld Kauf-kraft „aufzubewahren", können Kauf und Verkauf von Gütern auch zeitlich auseinanderfallen. Voraussetzung hierfür ist, dass Geld allgemein und dauer-haft akzeptiert wird, ein haltbares Gut ist und seinen Wert zumindest an-nähernd behält. (Vgl. auch Aufgabe 5-17.)

b) Inflation beschreibt einen Prozess andauernder Preisniveausteigerungen bzw. andauernder Geldwertredution. Solch ein Prozess führt zunächst zu einer Beeinträchtigung der Wertaufbewahrungsfunktion des Geldes. Durch die anhaltende Geldwertreduktion können mit einer bestimmten Geldsumme zu einem späteren Zeitpunkt nur noch weniger Güter erworben werden, der reale Wert des Geldes sinkt. Mit fortschreitender Inflation wird auch die Tauschmittelfunktion des Geldes eingeschränkt. Geld wird von den Wirt-schaftssubjekten nicht mehr bzw. immer weniger als Tausch- und Zahlungs-mittel akzeptiert und teilweise durch Ersatzwährungen ersetzt oder durch die Rückkehr zum reinen Naturaltausch abgelöst. Solange sich nur das allge-meine Preisniveau bzw. der reale Geldwert verändert, bleibt die Rechenmit-telfunktion des Geldes erhalten. Diese geht erst verloren, wenn die Preisverhältnisse zwischen den einzelnen Gütern zu schwanken beginnen. Treten stärkere Schwankungen auf, ist der Zusammenbruch des Geldsystems unausweichlich. (Vgl. auch Aufgabe 5-18.)

c) Zunächst verliert Geld die Wertaufbewahrungsfunktion, anschließend geht die Tausch- und Zahlungsmittelfunktion verloren und zuletzt (bei einem völli-gen Zusammenbruch der Geldwirtschaft die Rechenmittelfunktion. (Vgl. auch Aufgabe 5-18.)

Aufgabe 2 (10 Punkte)
Sind die folgenden Aussagen richtig oder falsch?

a) Pro-Kopf-Indikatoren eignen sich besonders gut dazu, das Wirtschaftswachs-tum einer Volkswirtschaft im Hinblick auf den „Fortschritt des Reichtums" eines Landes zu bewerten. (2 Punkte)

b) Unter „Offenmarktpolitik" versteht man eine Politik, die die heimischen Märkte öffnet und damit zur Liberalisierung beiträgt. (2 Punkte)

c) Im Stabilitätsgesetz von 1967 werden neben Preisniveaustabilität und einem stetigen und angemessenen Wirtschaftswachstum auch Umweltschutz und eine gerechte Einkommensverteilung als konkrete gesamtwirtschaftliche Ziele festgelegt. (2 Punkte)

d) Ein Teil der friktionellen Arbeitslosigkeit ist die saisonale Arbeitslosigkeit, die dadurch entsteht, dass Unternehmen ihre Produktion an jahreszeitlich bedingte Schwankungen der Nachfrage anpassen. (2 Punkte)

e) Ein andauernder Rückgang des Preisniveaus wird als Deflation bezeichnet. (2 Punkte)

Lösung
a) Richtig.
b) Falsch.
c) Falsch.
d) Richtig.
e) Richtig.

7.2 Hinweise für den Klausurtag

Nun also zu den organisatorischen Dingen:
- Informieren Sie sich rechtzeitig über den genauen Klausurort sowie die exakte Anfangszeit und planen Sie für die Anfahrt hinreichend Zeit ein. Rechnen Sie auch mit unvorhersehbaren Schwierigkeiten wie Zugausfällen, Staus, vollen Parkplätzen, unklaren Beschilderungen und längeren Fußwegen etc.
- Handelt es sich um eine Online-Klausur, informieren Sie sich über die erforderlichen technischen Voraussetzungen und testen Sie die entsprechenden Tools vorab, sofern dies möglich ist.
- Informieren Sie sich rechtzeitig über zulässige Schreibutensilien und Hilfsmittel sowie vorzulegende Ausweise und Bescheinigungen. Bringen Sie diese Dinge unbedingt genau in der genannten Form mit zur Klausur. Sollte Ihnen der Aufwand unverhältnismäßig erscheinen, bedenken Sie bitte, dass ein Zuwiderhandeln gegen solche Bestimmungen unter Umständen zum Ausschluss von der Klausur oder sogar zu einem Täuschungsversuch führen kann.
- Nehmen Sie unbedingt die Anweisungen der Klausuraufsicht zur Kenntnis und befolgen Sie diese.
- Wenden Sie sich bei Problemen noch vor Klausurbeginn selbstständig an die Klausuraufsicht. Nach Beginn der Klausur werden mögliche Unwägbarkeiten

eher zu Ihren Lasten ausgelegt. Auch hier sei vor der Wertung als Täuschungsversuch gewarnt.

- Lesen Sie vor Beginn der Bearbeitung die Bearbeitungshinweise, bei der hierfür erforderlichen Zeit handelt es sich nicht um eine Fehlinvestition.
- Schreiben Sie immer sofort Ihre Daten auf alle Blätter, so können Sie es am Ende nicht vergessen.
- Beachten Sie, ob für die Klausur ein separater Lösungsbogen verwendet wird, und verwenden Sie diesen in solch einem Fall unbedingt. Wird nur der Lösungsbogen bewertet, so sind alle auf anderen Klausurseiten notierten Lösungen üblicherweise wertlos.
- Gehen Sie davon aus, dass den Aufsichten sämtliche Täuschungsmöglichkeiten bekannt sind und sie diese erkennen werden. Gehen Sie außerdem davon aus, dass eine Kontrolle auch außerhalb des Klausurraums erfolgt.

7.3 Fallen und Finten in der Klausur

Auch im Hinblick auf die Bearbeitung der Klausur sollten Sie einiges berücksichtigen:

- Achten Sie insbesondere bei Multiple-Choice-Aufgaben darauf, um welchen Aufgabentyp („1 aus n" oder „x aus n") es sich handelt. Markieren Sie beim Aufgabentyp „1 aus n" in keinem Fall mehrere Antworten, dies wird üblicherweise konsequent mit null Punkten bewertet.
- Lesen Sie die einzelnen Aufgaben genau durch. Achten Sie dabei auch auf Negationen, Verallgemeinerungen und Verknüpfungen. Bearbeiten Sie scheinbar altbekannte Aufgaben besonders gründlich, eventuell enthalten diese überraschenderweise neue Varianten. Beispiele:
  - Wird nach einer Budgeterhöhung oder einer Verringerung des Budgets gefragt?
  - Geht es um einen Monopolisten oder einen Anbieter im Polypol?
  - Wird die Angebots- oder Nachfrageseite betrachtet?
  - Geht es um den Güter- oder um den Geldmarkt bzw. um eine Verschiebung der IS- oder der LM-Kurve?
  - Wird nach Brutto- oder Nettogrößen gefragt?
  - Soll der Preisindex nach Paasche oder nach Laspeyres berechnet werden?
  - Welche Werte gehören zur Basisperiode, welche zur Berichtsperiode? Stehen die Zahlen in der Klausur exakt so da wie sonst oder wird eventuell eine andere Darstellungsform verwendet?

- Wird nach Instrumenten gefragt, die entweder der Geldpolitik oder der Fiskalpolitik zuzuordnen sind, oder nach solchen, die ausschließlich zur Geldpolitik gehören?
- Wird nach den Zielen des Stabilitätsgesetzes gefragt oder nach Zielen, die nicht im Stabilitätsgesetz enthalten sind?
- Achten Sie auf Lesbarkeit und Eindeutigkeit Ihrer Antworten bzw. Markierungen. Nehmen Sie insbesondere Korrekturen so vor, dass eindeutig ist, welche Variante gelten soll. Gehen Sie nicht davon aus, dass die Korrektur bei mehreren vorhandenen Varianten zu Ihren Gunsten ausfallen wird.
- Behalten Sie die Zeit im Blick. Bearbeiten Sie zunächst die Aufgaben, die Ihnen leicht fallen, und nehmen Sie sich danach die schwierigeren Aufgaben einzeln vor. Tragen Sie alle fertigen Ergebnisse gegebenenfalls direkt auf den Lösungsbogen um.
- Arbeiten Sie insbesondere bei Rechnungen gründlich. Achten Sie hierbei insbesondere auf im Aufgabentext „versteckte" Zahlen. Übernehmen Sie alle Zahlen korrekt.

Zu guter Letzt soll Ihnen die folgende Übersicht einige Hinweise auf „typische" Fehler und Ungenauigkeiten geben. Eine Vollständigkeit der Auflistung können wir Ihnen leider nicht garantieren. Sollten Ihnen die folgenden Punkte jedoch alle völlig selbstverständlich erscheinen, sind Sie vermutlich gut auf die Klausur vorbereitet.

- Nicht bei allen Fachbegriffen und Zusammenhängen ist es mit Logik getan. Beispiele:
  - Die volkswirtschaftlichen Geldfunktionen, die Aufteilung der Geldnachfrage nach Keynes oder die Teilbereiche der Zahlungsbilanz sollten Sie kennen. Lernen Sie hierbei möglichst die exakten Begrifflichkeiten aus Ihrem Studienmaterial, um Verwechslungen zu vermeiden.
  - Im Stabilitätsgesetz stehen definitiv nur vier Ziele.
  - Das ökonomische Prinzip ist nur dann aussagekräftig, wenn eine der beiden betrachteten Größen fixiert ist. Ein maximales Ergebnis mit minimalem Input zu erreichen, scheint zwar optimal; dies stellt jedoch keinen messbaren bzw. vergleichbaren Ansatz dar.
  - Auch wenn es noch so verlockend klingt: Offenmarktpolitik ist kein Instrument der Wettbewerbspolitik, sondern gehört zum geldpolitischen Instrumentarium der Zentralbanken.
  - Ebenso versteht man unter öffentlichen Gütern Güter, welche vom Staat angeboten werden müssen, weil sich aufgrund der Nicht-Ausschließbarkeit und Nicht-Rivalität bei ihrem Konsum kein privater Anbieter finden wird, der zu einer entsprechenden Produktion bereit ist. Diese Güter ste-

hen durchaus nicht „von selbst" öffentlich im Sinne von frei zur Verfügung, zu ihrer Herstellung muss durchaus Aufwand betrieben werden.
– Ähnliches gilt für eine Reihe von Formeln. Während es in einigen Fällen hilfreich ist, zunächst die Herangehensweise einzuüben und anschließend hieraus ein sinnvolles mathematisches Vorgehen abzuleiten, müssen Sie andere Formeln exakt beherrschen. Beispiele:
  – Die Berechnungen in der VGR erfolgen nach festgelegten Schemata.
  – Auch bei der Berechnung der Preisindizes müssen Sie die exakte Zuordnung der Werte aus Basis- und Berichtsperiode beherrschen.
  – Bei der Berechnung von Grenzproduktivitäten hingegen hilft es immens, wenn Sie wissen, dass es sich hierbei um die Analyse der Veränderungen der Produktivität bei einer Änderung des Einsatzes eines der verwendeten Produktionsfaktoren handelt. Dieses Wissen können Sie anschließend anwenden, indem Sie diese Veränderung mithilfe des dafür vorhandenen mathematischen Instrumentariums bestimmen.
  – Auch bei der Bestimmung von Multiplikatoren hilft ein Verständnis für die mathematische Herleitung mittels des totalen Differentials. Wenn Sie diesen recht logischen Weg verinnerlicht haben, können Sie sich den Multiplikator selbst immer wieder herleiten. Dies verleiht vielen Studierenden Sicherheit, da sich Formeldreher – hier zumindest – so sicher vermeiden lassen.
  – Achten Sie außerdem darauf, wirklich alle relevanten Werte zu berücksichtigen. Bei Berechnungen im Rahmen der Produktionstheorie sollten Sie beispielsweise unbedingt auf die Angaben zu den Fixkosten achten. Diese stehen oftmals im Aufgabentext „versteckt". Zudem benötigen Sie diese zunächst ja nicht, da sie nicht in die Grenzkosten eingehen. Für die Bestimmung des korrekten Gesamtgewinns sind sie jedoch unerlässlich. Dies gilt sowohl bei den Berechnungen für einen Unternehmer im Polypol als auch für einen Monopolisten.
– Auch bei den häufig verwendeten Abbildungen gilt es, zunächst sorgfältig den jeweils dargestellten Sachverhalt zu analysieren, um anschließend möglichst richtige Schlüsse ziehen zu können. Auch wenn es sich – gerade im Rahmen einer Lehrveranstaltung zu den Grundlagen der Volkswirtschaftslehre – häufig um standardisierte Abbildungen handelt, sollten Sie sich dennoch die Zeit nehmen, zuerst einen Blick auf die Beschriftungen der Achsen und Kurven zu werfen. Anschließend analysieren Sie dann, wo genau der gesuchte Punkt liegt oder was durch eine Verschiebung dargestellt wird. Beispiele:
  – Bei der Analyse einer Drehung der Budgetgeraden sollten Sie zunächst berücksichtigen, für welches Gut eine Veränderung eintritt. Anschließend betrachten Sie dann den neuen Achsenabschnitt und können so erkennen,

ob ein Mehrkonsum (Preissenkung) oder eine Konsumreduzierung (Preissteigerung) vorliegt.

– Gleichgewichte liegen üblicherweise auf einer Kurve (IS-Kurve für den Gütermarkt, LM-Kurve für den Geldmarkt) bzw. bei einer umfangreicheren Analyse mit mehreren Kurven oder Geraden im Schnittpunkt derselben (IS-LM-Analyse, Marktpreisbildung).